生活因阅读而精彩

生活因阅读而精彩

优秀中层这样当

腾飞◎著

中国华侨出版社

图书在版编目(CIP)数据

优秀中层这样当 / 腾飞著.—北京：
中国华侨出版社,2013.10

ISBN 978-7-5113-4197-6

Ⅰ.①优…　Ⅱ.①腾…　Ⅲ.①企业管理
Ⅳ.①F270

中国版本图书馆 CIP 数据核字(2013)第 254958 号

优秀中层这样当

著　　者 / 腾　飞
责任编辑 / 文　筝
责任校对 / 李向荣
经　　销 / 新华书店
开　　本 / 787 毫米×1092 毫米　1/16　印张/18　字数/250 千字
印　　刷 / 北京建泰印刷有限公司
版　　次 / 2013 年 11 月第 1 版　2013 年 11 月第 1 次印刷
书　　号 / ISBN 978-7-5113-4197-6
定　　价 / 33.80 元

中国华侨出版社　北京市朝阳区静安里 26 号通成达大厦 3 层　邮编:100028
法律顾问:陈鹰律师事务所
编辑部:(010)64443056　　64443979
发行部:(010)64443051　　传真:(010)64439708
网址:www.oveaschin.com
E-mail:oveaschin@sina.com

前言

Preface

　　中层管理者在企业中处于企业组织架构的中层位置，在决策层与执行层中间具有桥梁作用。中层管理者将决定着企业能否健康持续发展，因此，是企业的重要中枢系统。

　　中层管理者的具体身份比较复杂，例如：在人事方面，他们是上级命令的执行者，在下级面前又是企业领导的形象代表；在企业决策方面，他们也是情报的提供者和支持者，是企业文化的传播者和建设者。

　　企业文化就是企业的生存方式和经营习惯，企业文化的缔造者和总设计师是总经理，但是企业文化要成为一种风气和传统，成为一种约定俗成的力量，则需要靠中层管理者的努力建设和传播。这时的中层管理者就像球队中的二传手，一个优秀的二传手，可以将死球变成活球，扭转球队的输赢结局；同时，二传手也可以将好球变坏球，可见，二传手在球队比赛中的重要作用。企业中的中层管理者同样起着"二传手"的作用，当他们受上司的委托管理某一部门时，必须与其他部门经理之间互相配合，还要衔接好上下左右各级领导及部门之间的关系，才能更好地完成上级布置的任务。

　　作为企业管理的核心力量，中层处于"上传"和"下达"的枢纽位置，企业的高效运作离不开这样的管理者。中层职位在企业中的位置是复杂的，他们既是领导，又是员工；既能掌握执行权，又能掌握决策权。他们是管理者，也是竞争者。对于职场来说，他们仍然是"正在奋斗的大多数"。正是这种角色的多重性让做好中层管理者变得格外不容易。然而，要想在职场中成就卓越，实现自己心中的理想，仅仅做到中层是远远不够的，还要成为深受高层领导赏识和器重的中坚。人们都将职场比作金字塔，底宽、顶窄。意思就是从底层上升到中层相对容易，而从中层再上升到高层却很难。部队里流传着这样一句话："不想当将军的兵不是好兵。"在企业中奋斗的那些中层管理者也一样，为了到达金字塔的顶端，他们都在努力工作，就像发动机的活塞一样不停地运转。但是，在运转的过程中，很多问题都会出现。这些问题包罗万象，有职业定位问题，有管理技巧问题，也有制度和现实的冲突问题，等等。为什么会出现这些问题？面对这种种困惑，作为中层管理者的你，是否想过到底是什么原因造成了这样的现状？

其实任何企业的中层都是企业的精锐部队，其装备精良，战斗力强，是企业向前发展的攻坚主力，是高层的预备役人员。这样的中坚型中层，是最受欢迎的中层。对上，受上司欢迎，赢得高层认可；对下，受下属欢迎，赢得群众基础；对中，受同僚欢迎，赢得竞争对手的尊重；对内，受职场欢迎，释放自己的晋升潜力。从中层到中坚，就是一个让自己赢得各方面欢迎的过程。

作为中层管理者，如果责任意识不强，或者管理技巧缺乏，或者激励机制不到位，都会严重影响自己前进的步伐。如果工作中面临着上下为难。左右为困的局面，也会影响个人的情绪和思路，这样的问题时常发生就会严重影响企业的发展。

为此，此书应运而生，意旨帮助那些在企业中正在迷茫、沉沦的中层领导者，使他们赢得上级的认可和信任，还能让他们得到下属的尊重与喜爱。本书用淳朴的语言和贴近现实的事例，理论、系统地分析了中层所遇到的各种困惑和瓶颈，并且用最直接和有效的方式为那些迷茫的职场人士指出一条光明大道。无论是渴望突破的中层，还是期待中层提升的高层，甚至是希望被提拔的基层，都能从本书中找到自己需要的方法和策略。

目录 CONTENTS

第1堂课

从中层到中坚的距离

　　中层是企业的脊梁。身为中层，不但要做到"上情下达"或"下情上报"，更要及时协调上下级之间的关系，这样才能更好地服务于老板和员工。只有这样，才能获得老板和高层的赏识，才能成为企业的中坚，成为真正的栋梁之才。

中层是企业的脊梁，要懂得"替身原理"

中层究竟是干什么的？这个问题看起来很难回答。因为这个世界上的中层职位多到数不清，每个职位所负责的业务范围也是千差万别的。但是，从企业管理和企业的组织结构的角度来看，中层这个角色，无论什么样的职位，都是用来沟通上下级，为高层分担压力，并且统率基层员工，做好具体工作的。

如果说公司的老板是大元帅，公司的总经理是军长、师长的话，我们这些中层就是连长、排长。在作战的时候，我们不仅要贯彻上层下达的作战指示，更要冲锋在前，为自己手底下的战士做好榜样。基层军官是军队的灵魂，中层领导是公司的脊梁。

温小姐是某制造公司的销售部经理，个人能力很不错，曾经在其他同类公司创造过非常好的销售业绩。

自从加入公司，温小姐就一直没闲过，成天忙里忙外，工作非常卖力，但是却把整个部门的人都晾在那儿。

老板对温小姐信任有加，这次又对她委以重任。"这个客户行事谨慎，而且明天下午两点开始，只给我们 1 小时的谈判时间。对方的条件尽管苛刻，但我们还是要尽力争取，因为这个客户每年与我们公司的订单超千万。你可不要把我这个大客户弄丢哦。我建议你在去之前多做些准备工作。"在布置任务的时候，老板对温小姐千叮万嘱。

能接到如此重任，温小姐既激动又忐忑："是！老板，您放心，我一定把订单给您拿回来。"

温小姐立即开始行动起来，她花了大量时间备案客户的背景资料，一些完全可以吩咐下属做的工作温小姐也全都独自包揽，以至于手下员工看见自己的头儿忙里忙外，而自己却闲着，心里既不安又愤愤不平，认为主管完全不信任自己。

突然，温小姐接到一通电话："您好！有一笔订单很想与贵公司合作，明天下午两点不知您是否有兴趣来谈谈，价钱不成问题。"温小姐一听，价钱不是问题，如果自己能拿下比老板那个客户更大的单子，应该也会很开心吧！于是，第二天，温小姐并没有如约去见老板指定的客户，而是自作主张去见了电话中的客户。但很可惜，对方虽然豪爽出价，最终却因不满意而推掉了订单。

现在，温小姐的大脑一片空白，不知该如何向老板交代才好……

作为公司的中层，温小姐犯了这样几个错误。首先，她自作主张更改了老板亲自下达的工作计划，虽然她的初衷仍然是为公司谋取利益，但正如抗命不遵擅自行动的将帅就算功劳再大也要遭到军法的惩处一样，温小姐这样的行为无论如何都是不能原谅的。其次，温小姐并没能管理好自己的团队和下属。中层是高层所委任的管理者，同时也是高层在基层的代言人，那么在老板授权给她的同时，温小姐有责任也有义务把工作分配给自己的下属，以便让整个部门正常运转。

换言之，身为中层应该明确自己的管理幅度，合理安排好自己部门的工作，甚至为了组织工作的需要，为了提高工作的效率，还要对本部门员工进行培训、锻炼，以提高整个团队的办事效率，而不是自己全权代劳。

管理学中有"替身原理"一说，是指上下级之间的特殊关系。例如，老板授权给中层，让其代为处理事务。此时，中层就要坚决执行老板的决议，即使在执行途中出现了变动或有自己的意见，在没有禀报上级、老板没有做出应对策略之前，任何争议都是没有意义的。中层要做的就是坚决执行，而不是擅自做主，改变老板的初衷意愿。因为，老板是委托方，而中层是代理方，既然授权于你，就要高度尊重委托方的意愿，这也是对老板高度负责的表现。这就是中层作为企业的脊梁的责任和义务。

企业管理是对企业的生产经营活动进行组织、计划、指挥、监督和调节等一系列职能的总称。一个企业无论是处于繁荣发展阶段，还是濒临经济衰退的时期，都有这样一类人始终负责执行企业战略，推行组织变革，并带动员工积极参加企业的各项建设，他们便是企业管理的缓冲带——中层管理者。

作为中层，对上，我们要以企业利益为工作的目的；对下，要以满足员工的基本利益为目标；而对企业，则要从全局角度出发，为企业寻人才、谋发展，做企业管理的缓冲带。这期间，中层不但要搞好人本管理，更要搞好执行力，以身作则，身先士卒，建立并做好示范带头作用，对企业负责，带动员工创造更多的生产价值，把缓冲、协调的作用发挥到最大。这就是我们身为中层的工作范围。

总之，中层是企业的脊梁。身为中层，我们不但要做到"上情下达"或"下情上报"，更要及时协调上下级之间的关系，这样才能更好地服务于老板和员工。只有这样的中层，才能获得老板和高层的赏识，成为企业的中坚，成为真正的栋梁之才。

中层是企业的腰，要为企业聚元气，疏通道

对企业来说，中层的地位可谓重中之重，关系到一家企业的生死存亡。因为中层"上传下达"，起着为企业协调阴阳、凝聚元气的关键作用。阴阳不调，人就会生病；元气散乱，身体就变得弱不禁风。如果说高层管理者是大脑，统筹全局，把握大方向，基层员工是手和脚，听命行事，那么中层就是腰，聚元气，疏通道，上对高层负责，下对基层执行。

俗话说，腰板硬了，头才抬得高，走路才精神。一个人腰无力，就会元气不足，头晕眼花，昏昏沉沉，站不稳，走不快。腰不好，领导就头大，基层也有火，积郁一久，企业就会出问题。

所以，一个好的中层，就是企业坚强的脊梁，协助高层将命令传达到基层，对基层工作的执行还要随时监督和完善，将决策落到实处，见到效益，并将基层的意见反馈回去，帮助高层做出新的更有利的决策，让公司的运营顺畅无阻。

为什么把中层比喻为人体的"腰"呢？因为中层经理的作用和人体的"腰"所起的作用类似，在企业中承担着四种使命：沟通者、协调者、建设者、执行者。上面的命令传到基层，需要中层的过渡；下面的意见上达天听，需要中层的代劳；上下联动，齐心协力，需要中层的协调。企业的未来，需要中层一砖一瓦地建设；而高层的决策和意图，中层又是第一个执行者。换言之，中层既承担着管理的角色，又要做一个优秀的被管理者，集双重角色

于一体，职位虽不高，任务却很重。

如果没有中层这个挺直的腰，领导者再英明伟略、硬件再先进漂亮、基层员工的素质和执行力再强，企业仍然免不了磕磕绊绊，陷入种种不可预测的困境！恰恰就是这一点，是目前很多企业的缺陷和不足。高层经常诉苦，自己的决策中层不能领会，执行管理混乱，真是一将难求；基层也常常抱怨，部门经理老害自己被老总批评，将相无能，累死三军啊！

百胜全球餐饮集团董事局主席、首席执行官兼总裁的大卫·诺瓦克就是一个能为高层和股东们分忧的出色高级中层。对旗下著名的快餐品牌肯德基，百胜高层发现，特许加盟的策略确实有助于增加肯德基的门店数量，但是管理质量却不好控制，财务状况也不容乐观。这时，大卫承担了使命，被派去与加盟商谈判。

加盟商们在生气地吼叫，大卫却始终以低调平和的态度，站在加盟商的角度去想问题，尽量体会他们的感受，出人意料的谦恭为他赢得了信任和理解。他还进一步发现，肯德基有一半以上的餐厅属于加盟性质。可以说，失去加盟商的支持，肯德基很可能就垮掉了！

这个结论让上面那些从不实地调查的高傲的董事们惊讶无比，庆幸让大卫去处理此事。在他的说服下，高层召开大会，告诉员工："从现在开始，加盟商和我们就是一家人。"又采取了一些办法，让员工消除了与加盟商的隔阂。

正是大卫这样善于处理上下关系的"腰"的存在，使"头"和"四肢"实现了顺利的沟通。百胜餐饮集团正因为有如此优秀的高级中层，才成为了全球最大的餐饮连锁巨头，拥有肯德基、必胜客等五个世界著名餐饮品牌。

优秀中层的作用即在于此，不仅能为高层排忧防患，还能保障基层的利益，所谓协调阴阳，使各方利益达成一致，就是这样，既减轻了"头"的重负，又能让"四肢"舒展自如，整个"人"都精神抖擞，活力十足。有好"腰"如此，公司的利益自然能够最大化，前景当然一片大好！

腰好用，人精神；中层好用，企业才有活力。判断一个中层经理是否优秀的标准，就是他能为公司体现出来的价值。人要追求健康，就得有一个好腰，这里是人的肾脏，人的周转站，阴阳调和之地。企业要追求发展，就得有一批召之能战、战则必胜的优秀中层。

因此，"好用"的中层才"顶用"，有能力的中层是企业的中坚。作为中层，对上要负责，对下要监督；反过来，对下也要负责，对上也要观察和谏言。中层的角色就像古代良相，宰相肚里能撑船，撑的是包容的船，是洞察一切的胸怀。

有这样的胸怀与眼界，就可以迅速领悟上命，坚决执行，并能够与基层打成一片，凝聚团队力量，在上下之间游刃有余。如果你具备这样的素质，那么就一定能成为最优秀的中层，成为企业的中坚力量！

上情要吃透，下情要摸准

中层不好当。作为中层，我们一方面是高层的下属，同时也是基层员工的上司，如果处理不好自己的角色定位，中层就很容易守不住自己的立场，在两种角色之间左摇右摆，甚至完全偏向于其中一种角色。而一旦如此，中层也就很难再发挥自己的作用了，这样的中层也就成了失败的中层。

很多中层管理者常把自己看成是反映基层呼声和意见的民意代表。不过别忘了，在下属面前，你代表的是公司。实际上，这是错误的，因为你并不是民意代表，既然你是上级直接任命的，就应该和老板的利益保持一致。当出现问题时，中层应该代表老板和公司维护员工的利益，而不是代表员工站在老板的对立面，维护员工的利益。

梅先生是深圳某台资企业大陆分公司的一个部门主管，梅先生能力很强，他的部门每个月的业绩都是全公司第一，很多梅先生手下的员工都以能与他共事为荣。而梅先生为了取得员工的拥护，为了让他们做出更好的业绩，也一直都很体恤员工，大大小小的事都能站在员工的立场上为其着想。很快，梅先生就和自己的下属们打成了一片。

年底，由于本部门业绩突出，梅先生的下属本应该多得一个月薪水作为奖金，但实际只发了12个月的。对此，老板没有任何解释，这让很多手下抱怨频频。

一位员工说："老大，咱们部门今年的业绩有目共睹，老板凭什么这么对我们啊？"

另一位员工说："主管，年底我要换房子，已经着手装修了，正等着用钱呢，您看您能不能代表咱们组的员工向老板讨个说法，至少得补贴给我们一半的钱啊！"

梅先生心里本也有些愤愤不平，听了员工们的抱怨觉得十分在理，尽管自己平时都是听命于老板的，但是自己的员工也没少付出，自己能有今天有他们一半的功劳。于是梅先生也开始抱怨起来，并决定让大家先暂停工作，他一定替大家讨个说法回来。

梅先生克制着自己的情绪，对老板说："相信您也看到了，今年我们部门的业绩还是公司第一，按照惯例，我的手下们应该多得一个月的薪水才是，但是这次不知为什么没有发，您是怎么考虑的呢？"

听了梅先生的话，老板只是冷冷地答道："我自有我的考量，你不必过问，今后我会给你们一个交代的。"

很显然，老板并不想让梅先生插手这件事。可梅先生再也压制不住心中的怒火，拍案而起。但这样和老板争论注定是没有结果的。梅先生不仅没能把事办成，反而被老板教训了一番，还被扣除了当月的薪水……

作为一名中层管理者，梅先生的业务能力是不容置疑的。但是业务能力强的中层未必就是一个合格的中层，就更不要说是一个企业中坚了。事实上，面对"欠薪事件"，梅先生首先应该站在老板的立场上解释，而不应该作为同情者，说老板的不是。

作为中层，在面对类似事件的时候，一定要先站好队，代表公司向你的下属表明你的态度，然后或向老板反映，或向员工解释，做好下属的工作，取得大家的谅解。这才是对于类似事件最好的解决办法，这才是一个合格的中层应该守住的立场。

企业中层领导处于承上启下的位置，既是管理层又是执行层，担负着贯彻落实上级决策意图、组织带领员工群众完成工作任务的重要职责。这一位置和职责要求中层领导必须做好"上传下达"的工作，创造性地贯彻上级精神，深入细致地开展工作。

然而，有的中层领导恰恰欠缺做好"上传下达"工作的基本功，上情吃不透，下情摸不准，贯彻落实方法不当。有时仅止于会上念念、嘴上说说，大而化之，简单机械，不做深入研究思考，不与本企业实际结合，没有把上级的意图变为自己的思想，只是充当了"传声筒"和"录音机"。因此，工作总是浮在面上，缺少新意和深度，难见成绩和效果。如果你是一个这样的中层，那么你不仅没能守住自己的立场，甚至是连你这个中层职位存在的意义都背弃了。

小汤是一家大型企业的中层管理者，整个部门有 10 个员工。小汤工作勤恳，为人谦和，对每一个下属都给予一些关怀和照顾，所以跟大家的关系还不错。并且他还有一个最大的特点：对领导言听计从，领导安排什么，他就向下属宣布什么。一旦下属提出异议，他马上便说："领导说了，就照这样执行。你照吩咐做了，出了差错领导不会怪你，你如果不照这样做，出了问题你自己担着。"

下属一听也觉得有道理，于是便开始认真执行。但渐渐地，下属有了不明白的地方，也就不再问他，而是隔着他直接请示更高领导，因为大家知道跟他说了也没用，他还得去请示领导。

并且这段时间小汤还遇到了一件烦心事：他发现手下有个别人开始直接向他顶撞，公然不再听从他的指挥。他早就想把一些"害群之马"开掉，但苦于没有办法，他发现现在连这点权力都行使不灵了。并且，他的"无能"渐渐被传播开来，以至于其他原本"听话"的下属也开始拿他不当回事了。

中层管理者最失败的就是只做上层领导的"传声筒"，领导刚作了一个决定，自己没有思考和领会，便对下属发号施令。这样的管理者最易被下属看不起，久而久之，就连管理下属的立场都没有了。

当然，有的高层管理者并不希望下属"创造性"地执行，这牵扯到企业的"授权"机制，但大多数时候，"传声筒"类型的中层管理者的开拓性、创造性较为缺乏。在人才竞争激烈的今天，这样机械式的"传声筒"，其命运可想而知。

　　一个优秀的中层管理者在接到一项工作任务时，要根据工作性质，结合部门的实际，特别是下属的理解水平和执行能力，采取有效的、乐于被大家接受的方式来细化布置工作。在管理工作中，"传声筒"是懒惰、低效的管理者。接到上级所布置的工作或任务，在传达贯彻前，要先考虑如何才能把这项工作和指令往下传达贯彻得更好，然后再进入具体的工作程序。这才是一个合格中层所应守住的立场。

　　从中层到中坚是一条追求卓越的路，也是一条从"新手中层"到"合格中层"再到"强力中层"的进步之路。要想成为"合格中层"和"强力中层"，你最先要做好的，就是把握好自己的定位，守住自己的立场。只有这样，你才能在时刻追求卓越的职场之路上大步向前。

一个好的管理者，首先是一个好的被管理者

　　在这个世界上，没有谁天生就是管理者，每一个成功的管理者，实际上都是被管出来的。作为中层，我们既是管理者，同时也是被管理者；我们不仅要带好自己的小团队，同时还要融入整个组织的大团队。双重的角色决定了我们要想当好管理者，首先必须当好被管理者。

　　张阳在中国香港某文化传播集团做副总裁时，认识了一位小伙子。当时

他只是一名普普通通的服务生，但几年后张阳再遇到他时，他已经成为一家资产超过几百亿元的某外国企业的首席执行官。当时他正好到国内投资，使得张阳有机会进一步了解他。知道他的背景之后，张阳大吃一惊。原来他竟然毕业于美国哈佛大学。

"你有那么高的学历，为什么当年还会选择去当服务生呢？"张阳好奇地问道。

那个小伙子微笑着回答说："首先，我不想省略走向成功的每一个步骤。尽管我可以选择一个很高的起点，但从最基层开始做起，可以让我熟悉每一个环节，这对于我以后从事管理、作决策是很有用的。另外，也是至关重要的一点，只有学会当好一个被管理者，才能当好一个管理者。"

想当好管理者，首先要当好被管理者，这个理念来自有"商界西点军校"之称的哈佛商学院。西点军校以培训军官而举世闻名，在那里，每个学员首先要学会的是如何服从。学员上的第一堂课，就是学会把自己的个性全部抹除：所有人的名字都统一换成编号，头发剪成同一发型，衣服全部换成校服。这样做的目的是让每个人都去掉自我，更好地融入团队。其次，每个人都必须学会承担责任和服从。不管上级问什么问题，都只能从三个答案中选择："是""不是"和"没有任何借口"。

西点军校是培养军官的地方，而一个好的军官必须从学会服从开始。因为军令如山，服从命令是军人的天职。任何个人主义和英雄主义在战场上都可能导致一场灾难的发生。做中层管理者其实同样如此。不要认为自己从基层晋升到了中层，从被管理者成了管理者，就有了不被管理的资格。要知道，你面前的路还长着呢，从中层到中坚，任重而道远。

如果每个人都只强调自己的个性，各往各的方向走，那么整个集体就是一盘散沙，没有凝聚力与战斗力。即使是才能再高的管理者，也要学会做团队里的一分子。团队的核心竞争力，就是管理者融入团队之中。不管是哪种类型的组织，皆同此理。

在微软公司，曾发生过这样一件事情，微软公司的副总裁鲍伯辞掉了手下一位名叫艾立克的总经理。因为艾立克虽然才华过人，但却桀骜不驯、傲慢专横。

尽管鲍伯十分爱才，希望艾立克留在公司，但他不能容忍艾立克的这些毛病，因为这些毛病会带坏自己辛辛苦苦打造出来的团队。当时，很多技术专家都来为艾立克求情，但是鲍伯很坚定地告诉他们："艾立克聪明绝顶不假，但是他的缺点同样严重，我永远不会让他在我的部门做经理。"结果，比尔·盖茨听说这件事后，出于爱才之心，主动要求将艾立克留下，做自己的技术助理。这件事给一向傲慢自负的艾立克带来了极大的触动，也让他开始意识到自己的缺点和不足。

7年后，凭着自己的努力，艾立克逐步晋升为微软公司的资深副总裁，而且非常凑巧，他成为鲍伯的上司。艾立克不是一个心胸狭窄的人，他并没有对鲍伯怀恨在心，反而非常感激他。因为正是鲍伯把他从恶习中唤醒，让他有了今天的成就和地位。艾立克不仅没有报复鲍伯，反而在管理方面虚心向鲍伯请教，这时的艾立克已经懂得了怎样做一个好的管理者。

同时，鲍伯也表现得非常优秀。当艾立克成为他的上司后，他并没有流露出任何不服气的想法，而是非常积极地配合艾立克的工作。两人相处得非常融洽，一直为公司的发展而共同努力和前进。艾立克刚开始因为无法当好一个被管理者而降职，后来却因为当好了一个被管理者而晋升，成为了微软公司的核心成员。

从艾立克的一降一升中，我们可以看出，当好一个被管理者是多么重要。在艾立克身上，我们可以看到很多中层管理者共同的影子：聪明、有能力、有业绩，但同时也因此很自负、有个性、不甘心听从别人的指挥。对任何组织来说，成员的能力和个性是不能完全画等号的，个性更需要服务于整个组织。

每一位中层管理者都身兼管理者和被管理者的双重角色，如果连自己都要一味地强调个性，不服从管理，那么又如何让自己带领的团队齐心协力、听从指挥呢？不听从指挥的团队，对任何企业和单位来说，都是最糟糕的团队，也毫无疑问是最没有发展前途的团队。

很多中层管理者确实很有才华和能力，但也很容易产生自傲的心理，甚至有时候认为自己的想法比公司的决策还要高明，因此难免对公司的策略有抵制的情绪。但这时你是否认真想过：在某一点上，我的想法或许确实很高明，但站在整体和全局的高度来看呢？所站的高度不同、所处的位置不同、看问题的角度不一样，制定的决策也就完全不一样。而且，企业或单位出台任何一项决策，都首先希望得到中层管理者的助力，而不是阻力，否则，中层管理者的作用又将如何体现呢？

或许你会问，难道作为一位中层管理者，就必须完全抹杀自己的个性吗？当然不是，在具体的实施中，你可以有自己的想法及有个性的操作方式，但是在组织的决策面前，服从永远是第一位的。否则，"黏合剂"很可能就会变成"离心力"，"中坚"也会逐渐淡出企业的管理核心。

不做"隐形鸡肋"，要勇于挑担

鸡肋，食之无肉，弃之可惜。有的人，平时看似重要，事事都离不开他，实则事事做不好。在公司，如果形容某个人是"鸡肋"，往往表明这个人有能力但却没有发挥出来，能做事，却总是做不好。用"鸡肋"来形容某些浑浑噩噩、尸位素餐的平庸中层真是再合适不过了。身为中层管理者的公司中坚，我们尤其要警惕自己成为"鸡肋"这样的尴尬角色，既要提高自己的能力，也要肯卖力，百分百投入，为公司创造可见的价值。

如果自己的勤恳投入能够收获预期的价值，就说明你的能力得到了发挥，是公司不可或缺的一员。但是，若你找错方向，价值便无法得到体现，即便你貌似投入地工作，也会给人留下"总是忙中出错"的印象，成为公司的"鸡肋"角色也就在所难免。

公司里的"鸡肋"，分为显形与隐形两种。前者就像没油的汽车泊在路边，一眼就能看到，后者却像是绵羊闯进了山羊群，不细细观察难以发现。

显形"鸡肋"总是很积极，事事尽百分之百的努力，可总是劳而不获，撞墙而归，成功的时候少，失败的时候多。这样的人是劳模，最需要一个有管理经验的上司来带着他。如果让这样的人做中层，那是一定会失败的。试想，他连自己都管不好，都不能让自己去做正确的事，又怎么可能管理得好一个团队，把整个部门带到正确的道路上去呢？如果一个中层管理者成为了显形"鸡肋"，就意味着他的晋升机会微乎其微，成为企业中坚力量的机会更是不存在的。这样的中层实际上很可悲，作为一个值得尊敬的工作狂，却有着让人惋惜的低效率。

但对公司来说，隐形"鸡肋"最危险，他们很有能力，是可以承担重任的人，有着不错的培养潜质，但是他们自律性极差，没有归属感，思想开小差，身体常偷懒，从来不会对一件事情投入全部。在公司，他们从不出风头，也不会让你抓到错误的把柄，可总是让你感觉到他们是在混日子，工作的目标只是为了每月领取那些不菲的薪水，缺乏干劲和理想，当然也不会有忠诚和激情。如果你发现自己已经开始缺乏工作的兴趣和激情，只是做好本职工作混日子的话，那你千万要小心了，因为你已经有了成为隐形"鸡肋"的迹象，而且已经失去了立足中层，向企业中坚迈进的动力。

美国有一位业务经理，为公司工作了五年之后，虽说不上出类拔萃，但也绝对称得上中规中矩。突然有一天，他的上司叫他到办公室，告诉他说："你被解雇了，现在你可以去财务部领薪水，下周一就不用再来上班了。"

这位业务经理大惑不解："我从不迟到，也从不无故早退，没有一件事有疏漏，业绩也在及格线之上。还有那么多人的业绩比不上我呢，为什么偏偏解雇我？"

上司说："解雇你的理由只有一个。公司本来十分看好你的能力，认为你能为公司赢得更多的生意。但可惜的是，你的进取心只停留在满足公司的基本要求上，对于公司来说，这意味着永远没有赢得市场最大份额的机会，虽然你的业绩也还说得过去，但公司不需要像你这种缺乏上进心的业务经理。"

卖力工作，让自己的成果达到最高，为公司提供最大的价值。即使能力不足，也应该抱着积极的心态去努力行动，这不仅是中层管理者的工作理念，是否拥有这样一批人，也是一家公司能否做大做强的关键。所以，一个失去了成为企业中坚的动力的中层是危险的，因为他已经成为了公司中的鸡肋人物的典型代表，这样的人就像事例中的那位业务经理一样，虽然业绩还说得过去，但一旦公司有志于加强管理，最好的办法就是拿这种人开刀。

央视《感动中国人物颁奖盛典》的节目介绍了一位在港口码头工作的中层管理者孔先生，他始终将身边怀有一技之长的工友作为可以学习的老师，从不懈怠，努力掌握知识，为公司最大化地卖力工作，攻克了一个又一个的技术难关。其实许多工作并不需要他做到这样的地步，他仍然以最高的标准要求自己，承担责任，为公司付出一切。作为一位中层管理者，在既有能力且没有工作量要求的情况下，孔先生没有放任自己做一个"隐形鸡肋"，将本可以不做的事情抛到一边，而是勇敢地挑起担子，能做多少就做多少。一个卖力为公司工作的人，他当然就有资格获此殊荣。

若想不成为公司的隐形"鸡肋"，去从事自己喜欢的工作至关重要，一个人若能将兴趣与工作融为一体，他在工作中就能够发挥最大的才华和潜在的能力，不断地突破自我，甚至会制造奇迹！但是，如果一份工作总让你感到消极无趣，提不起精神，又怎会竭尽全力去做好它呢？处在这样沉闷无聊的氛围中，就会对上司欺瞒事实，对下属狐假虎威，总之，"得过且过"就成了你的工作哲学，时间久了，你就成了公司里不上不下的"鸡肋"角色，成就卓越，成为中坚，再也与你无缘。

工作态度决定中层的前景，一个敬业的中层才有希望成为上下欢迎的"夹心饼"，上司赏识你，同僚配合你，下属尊重你。敬业是你的立足之本，既有能力，又愿意卖力地去工作，你自然会受到公司上下一致的好评，反之，则会像"鸡肋"一样，处境尴尬。

从"被动型"变为"主动型"
——————得到上司认可——————

　　无论你有多大的才华，如果你的上司看不到，或者他不认同你的价值，你纵有运筹帷幄、经天纬地之才，也难以获得施展自己才华和抱负的用武之地。所以必须获得自己老板的支持，老板的认可对于一个中层领导者来说，是至关重要的。

获得上司的认可至关重要

美国著名的人力资源管理学家科尔曼曾经说过："一个人能否得到提升，很大程度上，不在于他是否努力，而在于老板对他的赏识程度！"

这句话一针见血地指出，无论你有多大的才华，无论你付出多大的努力，如果你的上司看不到，或者他不认同你的价值，你纵有运筹帷幄、经天纬地之才，也难以获得施展自己才华和抱负的用武之地。所以作为一个企业的中层，想要做好工作，首先必须获得自己老板的支持。老板的认可对于一个中层领导者来说，是至关重要的。

上司，或者更直接点说，企业的老板，是企业的核心人物。如果我们把企业比喻成一艘船，那么老板就是舵手，他是企业平台的构建者，掌管着企业的发展方向。身为中层，必须时刻关注上司，获得上司的认可，这样上司才能放心地下放更多的权力给你，让你有更大的施展空间。

反之，如果你不能获得上司的认可，那么上司就不会放心地把权力交给你，从而让你无法施展。长此以往，上司也会越来越不重视你，自然你也就无法成为企业的中坚力量。所以我们再三重复，想做中坚，获得上司的认可至关重要。

让我们先来看看这样一个例子。

小黄是一个在业内很受好评的能力很强的中层管理者，最近他被某公司高薪挖过去担任公司的行政主管。

到公司不久，小黄就发现了公司存在的问题。这是一家大型家族型企业，总经理和主管业务的副总经理是亲戚，并且虽然公司有制度，但是实际上人员的薪酬、考核等标准都是由副总经理一个人说了算的，制度形同虚设。而副总经理重视技术，强调利润，多年来在他的带领下，公司的运转一直平稳，利润收益也不错，所以老板也从不干涉副总经理的这些做法。

小黄看到这种情况，在和副总经理多次沟通无效的情况下，小黄直接向老板反映这个问题。小黄告诉老板，如果没有建立起有效的制度，一切都按照副总的个人意见来定，个人主观因素太大，这样既不合理，又不科学，也不利于考核。长期这样，员工的积极性、创造性会受到影响，甚至会影响到公司的稳定性。

不过老板对小黄的建议并不以为然，老板告诉小黄："你说的我懂，不过这些年来公司都是这样管理的，并且利润很可观，我对副总是放心的！如果严格按制度来，你能保证员工们能适应并转变吗？你能保证企业效益水平不会受影响吗？"小黄对此一时不知道该怎样回答。

其实小黄提出的建议并非不合理，小黄看到的问题在未来也或者真的有可能影响公司的发展。但是为什么合理的建议却没有得到老板的采纳呢？其原因就是，他没有分析明白自己所处的工作环境。对于老板来说，虽然他是企业的中层，但他只是一个刚刚入职的新员工；虽然他在业内的口碑不错，但是老板此时对他的具体能力还不了解，所以他还没有赢得老板的信任。相对于此时的他，老板更加信任那个副总，所以此时，当小黄提出针对副总的疏失的建议时，自然而然会被老板本能地否决掉。

其实老板对于员工，很多时候是有戒心的。老板想了解你其实超过你想了解他，所以对于中层员工来说，尽快获得老板的认可，是你升任中层或者进入一家新公司之后的第一件大事。

当你的上司确信你是真的有能力，并且真的在为他、为公司着想的时候，他会从心底开始渐渐接纳你、认同你，从而开始认真思考你的建议。

另外，想要获得上司的支持，仅仅获得上司本人的信任还不够。作为中层，你应该抓住重点——老板最信赖的人。就拿刚刚小黄的这家企业来说，家族企业中的亲属员工，或者当年和老板一起创业的患难伙伴，这些人是和老板一起创业的人，是深受老板信任的人。和他们多交流沟通，获得足够的信任也很必要。当老板周围的亲信开始信任你的时候，老板也会给你更充足的信任。

那么，如果自己面对的上司是一个各方面都不如自己的人怎么办？如果上司远比自己平庸得多呢？

答案是：即使这样，你依然要获取你上司的认同。

事实告诉我们，在这个世界上，完美的人并不存在。你的上司本身很可能有着这样或者那样的缺点，甚至远远没有你有能力和才华。但是请记住，在这个世界上有才华的人到处都是，而这些有才华的人却并不是每一个都能施展自己的才华成就一番事业。

原因在哪里？四个字：无人赏识。所谓怀才不遇，其实就是这么一回事儿。如果没有伯乐来发现，千里马跑得再快也没有一点用处。同样的道理，如果没有上司的赏识和认可，你即使再才华横溢，也只能是个怀才不遇的失败者。想要在适合自己的平台上大展身手，体现自身的价值，就必须获得上司的信任和认可，哪怕在你眼里，你的上司远比你 "平庸"。

人有很多种，上司同样，有优点有缺点，才华有大有小，脾气有大有小，性格有急有缓，这些都是不可避免的事情。时任惠普公司的全球副总裁孙振耀曾讲过一段很有名的经典格言："你可以决定娶什么样的老婆，但不能决定岳父岳母是谁。你可以决定加入什么公司，但无法决定上司是谁！"孙振耀在惠普公司经历了十位风格不同的上司，但他让每位上司都看到了他的能力，认可了他的工作，赞赏了他的才华，所以他才在那里得到了一片施展自己才华的空间。

可见，不论什么样的领导，什么样的上司，只有他欣赏你、赏识你，他才肯提拔你，你的才华才有用武之地！

尽最大努力达成上司的目标

身为一个中层领导者，你最重要的工作职责是什么？

我相信，这个问题问出来，不同职位的中层领导者们肯定会给出很多种不同的回答。比如：

管理好自己的部门；

完善公司的架构，让公司平稳运行；

带领团队创造最大的利润……

其实要回答这个问题，身为中层管理者，首先要弄明白，你的上司想要做什么，他的最终目的是什么，他的企业发展规划和战略是什么。只有弄明白这几个问题，你才不会做无用功。

你的上司作为更高一层的决策者，他的想法决定着整个团队的发展战略和发展方向，决定着团队的前景和出路，决定着部门的命运和发展程度。因此，团队下属的各个分支，团队运作的每一个环节，团队经营管理的每一个步骤，都有着与上司的目标相对应的分解目标。无论中层如何设定这些具体的分解目标，其最终都应该指向工作的核心目标——上司的目标。

有句古话说得好："上下同心者胜。"身为企业的中层领导者，其最主要的责任，就是尽最大的努力去达成上司想要达成的目标，这才是企业中层最重要的责任和目的。只有当企业的上层决策者和基层执行者的意志相通，心意相通，整个企业才能够上下一心，心往一处想，劲儿往一处使，这样，整个企业才能保持旺盛的生命力和战斗力，在持续的竞争中脱颖而出，立于不败之地。而企业的中层，就是联系和贯穿企业上下层之间的强有力的纽带。只有当企业的中层明白上层的意图，并努力去达成，我们刚刚说的这种局面才有可能出现。

从这里，我们可以看出，中层对于企业的重要性，以及中层帮助领导达成目标，对这个企业发展的重要程度。如果中层领导者背离了上层的决策，那么即使你再努力，对公司的长久发展，以及对个人的长期发展，都很可能是不利的。

让我们看一下下面这个例子。

小汤是一家公司某大区新上任的销售主管。上任之初，老板单独找他谈话，要求他负责开拓这一地区的市场，工作重点是实现本公司产品在这一地区对市场的占有率,为今后的销售打开局面。

小汤上任后,对这一地区进行了初步的了解,发现在这一地区的大型超市以及各级分销商,在此之前都有其他同类产品进驻,本公司的产品难以打入市场。为了尽快提升本公司产品的销售率,小汤开始想自己的办法。

经过了一段长时间的艰苦工作之后,小汤终于让产品成功进驻一家大型超市,销售业绩有了明显的上升,小汤为此兴奋不已。就在这个时候,老板打来电话,要求他汇报近期的工作进度。于是小汤非常振奋地汇报了自己的工作成果。

不过出乎小汤意料的是,老板在听完小汤的工作汇报之后,并没有对其表示赏识和认可,而是沉默了片刻之后,说:"小汤,你觉得自己的工作目标是什么呢?"

小汤回答说:"对于公司来说,利润是最重要的。作为销售经理,我的目标是把销售业绩做上来。至于让产品占据一定市场份额的问题,在目前的条件下工作很难开展。我只好先……"

没等小汤说完,老板就打断了他的话:"小汤,我当时说得很清楚,我们在这一地区的目标是首先要获得一定的市场份额,也就是说利润的高低不是我目前最关心的事,只有市场份额才是我现在关注的重点。这一点,我曾经很明确地告诉过你,难道你忘记了吗,还是有谁告诉过你,你可以自行更改公司的既定目标?"

听了老板的话,小汤一时无话可说。他此时才恍然大悟,自己一直努力追求的目标,其实已经和老板预期的目标完全南辕北辙、背道而驰了……

企业要成功,首先要由老板制定明确的目标,这样才能协调所有下属的活动，并让下属们有明确的工作方向，以及保证最终所有工作计划的实施效果。

因此，企业的每名员工都应该将自我工作的目标同公司总体的目标挂钩，保持同公司的高层工作步调一致，这样才能建立一个良好的企业运行状态，并且建立员工和企业共同的责任感，实现团队的紧密合作，而这正是企业中层管理者的工作。对于企业的中层管理者而言，只有时刻牢牢把握老板的目标，跟随老板既定的前进方向，才能把握自己努力的方向，从而更好地为企业创造财富。

小汤的错误主要表现在他没有重视老板的既定目标，擅自以自己对市场形势和情况的分析，建立起完全不同的目标。他的目标也许可以实现一定的销售收入，但无疑却是和公司整体的目标并不一致。

从某种意义上来说，中层领导和公司整个目标的背离，对整个公司的运转起到了一定的阻碍作用。从这点来说，小汤即使付出再多的努力和辛苦，却没有将行动融入公司的发展目标，老板也会认为他是不称职的。小汤心中并不真正了解老板的目标远景，也没有想到去努力帮助老板实现他的目标。

管理学中的"齐格勒定理"的含义是，当管理者确定一个高目标来努力，其意义可能远远大于实现一个低目标。很多像小汤一样的中层所犯的错误恰恰是他只看到了销售业绩这个短期目标，却忽略了公司高层所制定的公司发展战略目标。如果想补救自己的错误，我们应该迅速重新定位自己的使命，将个人工作紧密地跟随企业战略目标来走，首先要明确了解公司高层的想法，明确了解目标的具体背景和含义，并按照上司制定的目标去进行相关准备，调整工作思路，掌控具体工作进程，从而取得令上司满意的工作成果。

坚决执行上司的决策

美国著名的巴顿将军的回忆录《我所知道的战争》中曾经介绍了他是如何挑选优秀士兵的。他将自己要挑选和提拔的候选人集中到一起，让他们各自挖一个有着具体的长度、宽度和深度要求的战壕。从规格上，士兵们很明显就看出，这个战壕比常规战壕要浅很多，并不是一个标准规格的战壕。下达完命令之后，巴顿将军就走开了，到一个隐蔽的地方悄悄观察士兵们。他看到许多士兵都在抱怨："为什么要挖这么浅的战壕，还不够当火炮掩体！""这样的战壕太冷了，到冬天会被冻死！"在这群抱怨的士兵里面，只有一个人很认真地按照巴顿将军的要求挖完了战壕，并对其他的士兵们说："让我们把这个该死的坑挖好赶紧离开吧，那个老东西想用战壕干什么都跟我们没关系！"

是的，你肯定猜到了，这位照办的士兵得到了提拔，其他人则没有，尽管他们都很聪明。因为只有这一个士兵严格地执行了将军的命令，而这正是巴顿将军所需要的。因为这种对命令无条件地服从，正是军队强悍战斗力的来源。

上至高级军官，下至普通士兵，进入军营后被灌输的第一个概念就是"服从"。军人以服从命令为天职。无论命令让你做什么，你都要照做不误。军令如山，当命令让你向前的时候，哪怕前面是万丈悬崖，你也要从容赴死！服从，这就是军队的强悍战斗力的来源。

一个有强大服从力的团队，其战斗力是非常可怕的，它会战无不胜、攻无不克。

服从，不仅适用于军队，对于公司来说也是如此。一个保持强盛的发展势头和竞争能力的公司，必然有一个服从性非常强的中层团队。因为这样的中层团队，代表着公司的希望和未来。对上司来说，无条件服从的下属才能更快更好地贯彻他的意图，从而让老板的意图快速有效地传达到企业机体的每一个环节和角落。

所以身为企业的中层领导人，要严格服从上司的决议，哪怕这个决议你从内心并不赞成，但只要是这个公司已经决定的决策，那么即使你内心视它如草芥，也要坚决地服从和执行。

反之，如果你不认同公司的决定，进而拒绝执行，或者执行不利，那么对于你的老板来说，无论你有多优秀的能力，在他心中，你都是不称职的。

曹先生是一家世界知名的电子产品公司企业发展部经理。他非常有能力，但却有一个缺点：个性太强，恃才自傲，不服从上司的管理。

对于普通员工来说，可能这还不能算是很严重的缺点，但是对于一个企业的中层管理者，尤其是对于一个大型企业的中层管理者来说，他的缺点却是致命的。

果然，曹先生过于鲜明的个性，以及恃才自傲，导致他对很多公司的决策不认同，并且他把这种不认同散布在整个部门中，在自己的部门中搞起了小团体，结果严重影响了公司一些决策的执行。

很快，公司高层避开他专门召集了他所在部门成员的会议，批评这种"拉帮结伙"的问题。结果，很多他的下属在会上直接顶撞董事长，好像他们不是在为公司工作，而是只为曹先生一个人做事一样。

会议不欢而散。而通过这次会议，公司高层也坚定了解决该部门问题的决心。之后，没过多久，董事会就免去了曹先生的职务。虽然公司很认可曹先生的能力，董事长也十分爱才，希望能够把曹先生继续留在公司，但是作为整个公司的最高管理者，董事长绝对不能容忍自己的下属这种不服从管理的出格行为。因为如果任凭这种行为存在下去的话，它将会像瘟疫一样传染更多的员工，从而导致整个公司渐渐分崩离析！

像曹先生这样的中层管理者有很多，他们聪明、能干、思维活跃、创造力强、做事高效率、充满活力，但同时又个性狂傲、目中无人，很难认同和服从别人的领导，总想一切由着自己的意愿做事。尤其是当他们认为自己上司的能力不如自己时，就更不会把上司放在眼中，从而经常会产生交代的任务不去做，或者故意给上司出难题等现象，甚至会公开顶撞自己的上司。

更为严重的是，领导者的性格决定团队的性格。这样的人所带出来的团队，往往也和他一样，桀骜不驯，难以顺畅地执行公司的决策，从而使整个部门成为公司里的异端。而这样的结果，是任何一个老板都不希望看到的。

从这个例子中我们可以看出，中层经理不是不需要个性，但是其个性要服务于整体，而且必须无条件地服从。因为公司需要的是可以强力执行决策的中层领导，而不是虽然才华横溢，但却经常出格、不服从管理的异端分子。在上司看来，一个中层管理者，能力可以有欠缺，经验可以不够丰富，但必须对公司决策无条件地服从。因为能力可以提高，经验可以通过实战和锻炼来弥补，这些都是可以后天改善的。但是，一个再有能力，但却不懂服从的人，只会扰乱公司的管理和经营秩序，这样的人绝对不可能给企业带来好的发展，是企业当中绝对不需要的毒瘤。

当一个公司出现这样的中层管理者，其结果往往是两败俱伤，公司的利益遭受损失，个人的前途也受影响！

有些中层管理者总以为自己是企业的主人，随时要纠正老板的"错误决定"。他们认为这是在发挥企业主人翁的责任感，然而这样一来，就很容易使得企业的执行力度降低，最终受害的不仅是自己，还有整个企业。

所以对于企业的中层管理者来说，要领会"恭敬不如从命"这句老话的精髓，非常必要，因为"服从"才是老板观察和评价下属的第一标准。对于企业来说，老板永远是决策者和命令的下达者。作为下属，你不能不服从命令，更不能越俎代庖。否则，不仅你的努力无法换来老板的认同，而公司的利益以及你个人的前途也将都会受到影响。

时刻提醒自己——从细节做起

人们常说, 细节决定成败。这句话是每个中层领导者必须时刻提醒自己的。

中国古代最著名的思想家老子曾经说过: "天下难事, 必做于易; 天下大事, 必做于细。"另一位伟大的思想家荀子也说过: "不积跬步, 无以至千里; 不积小流, 无以成江海。"

这些流传千古的话语都精辟地指出了同样一个道理: 想要成就一番事业, 必须从最简单的事情做起, 从细微之处入手, 从一个一个微小的细节入手。个人行事是如此, 团体行事也是如此, 企业管理更是如此。

很多刚刚从基层被提拔上来的中层管理者常常感到很迷茫, 不知道自己除了职位发生了变化以外, 还有什么地方也应该相应地发生改变。更确切地说, 就是不知道自己的新职位对自己提出了哪些全新的要求。其实这不难理解。从基层具体工作的执行者转到中层管理者的位置上, 其实是一个工作方式的质的改变。如果思维模式还停留在原来的位置上, 那么面对这突如其来的局面, 往往会显得不知所措, 手忙脚乱。

其实, 对于新晋升的中层来说, 只要抓住问题的本质, 从思维模式入手, 很快就能适应中层的工作要求。而需要做到的第一条就是: 从细节做起。

做事情, 做决策, 需要远大的目光和宏伟的企划, 但是, 再宏伟的企划也是要落实到一个个细节上一点一滴地做起来的。"罗马不是一天建起来的!"这就是我们常说的"要从大处着眼,小处着手"。这个"小处",就是细节。

也就是说,我们在分析一个问题的时候,要有战略眼光,纵观全局,明确努力的方向;而在具体解决问题或做执行工作的时候,就要把眼光放细,注意事件的细节,这样才能完美地将解决方案和措施落到实处,从而完成工作。

中层管理者是公司发展的中坚力量,他的工作结果对于整个公司的发展都有着很大的影响。公司里的每个中层管理者的思想、认识水平、责任心、管理能力、工作态度等因素,都对整个企业的发展起着关键的作用。

此外,中层管理者又是连接企业上下层的重要纽带,公司的很多重大战略决策是靠中层管理者来具体落实的。如果中层管理者不注重细节,只想做"大事",但却无法细致地贯彻落实每一项具体工作,那么再好的决策也没有办法被完美地执行,这样的企业是缺少执行力的。可见,中层管理者是否重视细节工作,将直接影响整个公司的决策能否顺利地被执行。

一个公司想要有好的发展,必须有好的宏观决策。但一个好的宏观决策是否能被彻底地执行,关键就在于中层管理者能否细致地完成自己的工作。而中层管理者要想做好自己的工作,就必须重视细节,没有细节就无法落实。事实上,公司的许多重大策略主要是由公司高层领导做出的,中层管理者的主要任务就是抓落实、抓细节。

有一个发生在美国通用汽车公司的事例,我们来看一下。

有一天,美国通用汽车公司的客服部受理了一桩客户投诉,内容是:

"我们家最近买了一辆贵公司生产的新车，每次我买香草冰激凌时，车子就无法发动，而当换成其他口味时就不会出现这种问题。"

这个投诉看起来非常无厘头，换成很多公司，估计根本不会去重视。不过通用汽车公司却不一样。接到这个投诉之后，客服部的主管马上派工程师去查看究竟，而工程师经过调查之后，发现情况竟然和客户所投诉的一模一样。那么，这到底是什么原因呢？工程师很费解，但他没有气馁，而是前前后后仔细地考察了很多遍。终于，他发现了一个不被人注意的细节：买香草冰激凌所用的时间比买其他口味的冰激凌要少一些，因为香草冰激凌特别畅销，店家为方便拿取把他们放在了店的最前面。

那么，汽车出现这种状况，是否和这一微小的时间差有关呢？如果有关，具体原因又是什么呢？经过仔细地研究和实验，最终，工程师得出了结论：车子无法启动，当然和香草冰激凌没什么关系，而是和汽车本身的蒸汽锁有关系，是因为汽车本身的蒸汽锁出了问题。因为买其他口味的冰激凌所需要的时间多，引擎有充足的时间散热，重新发动时就没问题；而买香草冰激凌所需的时间短，蒸汽锁没有充足的时间散热，所以车子就无法重新发动。

就这样，问题的关键终于被找到了。于是，工程师对客户汽车蒸汽锁进行了维修，客户投诉的这个问题很快就得到了圆满的解决。而这位细致的工程师也得到了公司高层的表扬和赏识。

从上面这个例子中我们可以看出来，作为企业的中层管理者，谁能不放过任何一个可能的细节，去深入思考它背后的东西，谁就能以小见大，切实提高管理的实效。作为中层下属，你解决了别人发现不了的问题，你的上司才会赏识你、重用你，从而给你提供发展的舞台。

身为一名企业的中层管理人员，要想出色地完成工作，获得上司的赏识，必须重视抓好细节。这里所说的抓好细节，并不是让你自己一个细节一个细节地去执行，而是在你的工作中，你必须养成重视细节的思维模式。只有那些重视细节的企业中层，才有可能在潜移默化中赢得上司的认可。

当好上司的配角

每个人都是自己人生的主角，但是身为一个企业的中层领导者，你一定要习惯让自己成为老板的配角。

一个企业就好比一部电影，里面的角色既有主角又有配角。并且，主角只有为数不多的一两个，其他的都是配角，甚至是群众演员。对于企业来说，这为数不多的主角就是老板，而中层就是给老板配戏的配角。

你是否还记得著名演员陈佩斯和朱时茂的小品《主角和配角》？演惯了配角的演员不甘心永远只当配角，角色转换演了一把主角，结果本来一个荡气回肠的故事一下子成了闹剧。

虽然这只是一个小品，但它里面所蕴含的道理在职场中其实是通用的。尤其是对于中层管理者来说，这个小品蕴含的道理就更加贴切和实用。

那么，这个小品蕴含的道理是什么呢？

其实就是一句话:中层管理者应该心甘情愿地给上司做配角。

作为一个企业的中层管理者,这个角色早已经决定了,你必须当好配角。企业的主角,永远是企业的领军人物——老板。中层管理者最重要的工作就是给自己的上司当好配角,协助上司完成各种具体工作的落实。这会要求中层管理者必须摆正自己的态度,当好配角。否则,一个心里总想着冲上舞台当主角、经常在上司面前展现"自我意识"的人,是无法踏踏实实地完成工作的。

李先生是某跨国集团中国区的经理,他是一个很有些自己想法的人。李先生觉得,集团总部不一定了解中国市场,所以对于集团总部的某些决定,他总是予以反驳。久而久之,老板觉得,李先生不是一个很合作的中层,不能很好地配合集团总部制定的发展规划,所以没过多久,集团就另外任命了一个经理来接替李先生的职务。

其实李先生提的那些建议是出于为公司着想,甚至可能他的某些建议也不错,但是李先生却犯了一个致命的错误:没有端正自己配角的位置。集团发展肯定有自己的战略规划,当规划已经制定以后,需要的是一个强有力的执行者。作为中层的李先生,忘记了自己的职责,成为了公司规划推行的阻碍者,所以最终只能面对"下课"的命运。

前文说过,中层的主要职责是贯彻执行高层制定的发展决定,做好上司所交代的事情。但实际上,中层并不只是简单地听命于高层。了解上司想要的是什么,成为上司"最离不开"的人,这是一个中层当好配角,赢得上司认可的重要途径。

你懂你的上司吗?你了解你的上司想要表达什么吗?你知道你的上司需

要什么吗？这些问题是每一名中层管理者都应该仔细思考、反复琢磨的。因为只有彻底领悟了上司的意图，你才能顺利地展开工作，从而当好上司的参谋和助手。

让我们来看一下全球零售业巨头沃尔玛公司的例子吧。

沃尔玛是一个重视发挥团队精神的公司，对于沃尔玛的每一个中层来说，当好上司的参谋和助手是他们的指令，而他们也确实是这么做的。

沃尔玛亚洲事务总裁手下的经理是一位非常优秀的年轻人，他总能及时跟总裁进行有效的沟通，在第一时间正确地领会总裁的意图，然后把事情安排得妥妥当当。总裁的意图在他那里得到了行之有效的执行，这让总裁对他的工作非常满意。

不仅如此，这位经理在对待总裁生活上的小细节时，也想得非常周到。总裁的身体健康状况不是很好，于是这位经理就和总裁的私人医生保持了密切的联系，随时掌握总裁的健康状况，并会随身携带一些必备的相关药品，随时准备应对各种突发状况，这让总裁感动不已。

有一次，总裁到日本出差，这位经理提前把总裁下榻的酒店房间按照总裁的喜好布置好。当总裁走进酒店的房间，发现宾馆床上摆着的枕头和房间窗帘的颜色都是自己最喜欢的类型，床上则摆着自己平时习惯用的那种枕头。当他后来得知，这些都是那位年轻的经理提前安排好的时，对其的满意度就又上了一层楼。

在工作上，每一次总裁只要说出自己的意图，这位经理都会妥妥当当地安排好所有的细节，让总裁工作起来省心省力。后来又一次，这位经理因病请了一周病假，由其他人来暂时代理他的职务，结果总裁觉得非常不习惯，他对另一个下属抱怨说："他这一走，我就像失去了右手一样，只能用笨拙的左手来工作，这可真是要命！"这种状况直到这位经理回到岗位上才得以改变。后来，总裁因为健康原因辞去了工作。在他的极力推荐下，那位经理接替了他的职位。

企业的中层领导者，要想充分地发挥作用，还有更深层次的东西需要做好。中层领导者在贯彻执行高层的决策时，不是简单的一句话的问题，更重要的是要去听、去看、去问、去动脑子想，以及去说、去做。而这些目的都是为了彻底了解高层的决策意图，这样后面的工作方向才不会出偏差。

举例来说，高层讲的话可能很简单，只有两三句，但是身为中层的你要弄清楚这两三句话背后的原因是什么。中层管理者就是要把领导们没有讲清楚的话、没有点清楚的事、没有说清楚的道理，全部都想清楚、搞清楚、弄清楚。只有弄清楚这些，你才能够正确领会老板的意图，做出正确的落实安排。这就是老板的配角所要承担的工作。只要你照这样努力去做了，你的老板一定会看到你的努力和成绩。

当然，在你的上司看得到的地方，你要努力去做；在你的上司看不到的地方，你同样要坚持努力去做。尽管可能由于工作性质等多种原因，很多时候你不能直接为企业创造经济效益，但其实在你为你的上司分忧效力的时候，你的价值已经得到了最大的体现。当你成为你上级不可或缺的参谋和助手时，你离成为一个优秀的中层领导者就更近了一步。

做事到位但不越位

法国哲学家西法古有句名言："如果你想得到仇人，就表现得比你的朋友更优秀；如果你想得到朋友，就让你的朋友表现得比你更优秀吧！"

其实何止是朋友，这句话同样也适用于每一个中层领导者。在上司面前，我们也要懂得表现的"度"，不能锋芒太露，否则就会让对方感受到来自你的压力，从而对你产生提防的心理。如果你的上司对你产生了"越位恐惧症"，那么他就不会再信任和提拔你了。

前面我们说过，上司是主角，中层是配角。身为配角，一定不能过于抢眼。

中层在上司面前的表现，要时刻注意拿捏好分寸，既能表现自己的能力，又不至于让上司产生威胁感，所以"到位"很重要。

那么如何才能让自己表现到位呢？

把自己分内的工作，尽最大努力做好。这是确定、必须、没有任何讨价还价余地的。而除此之外，不该自己管的事儿，不是自己职责范围之内的工作，碰都不要碰一下。

有些中层领导者为了让公司看到自己的能力，为了显示自己是个多面手，急于表现，除了自己分内的工作之外，还在其他地方处处抢活干，不仅抢同事的，甚至还抢上司的。如果你是初进单位的新员工，偶尔一次这样的越位也就罢了，领导会认为你是急于得到大家的认可而过度表现，但如果成为中层管理者之后，你依然这样，或者这已经成为了你自己的工作风格，那你的麻烦就大了。

对于一个团队来说，各安其分、各司其职是团队运行最理想的状态，如果你总是去抢别人的工作，甚至是上司的工作，那么你的上司难免会心生芥蒂。而这绝对是任何一位上司都无法接受的。试想，作为一位中层领导，如果你的下属总是抢着做你的工作，抢着比你表现得更积极，那么你也会感到来自于他的威胁的。这个道理，同样适用于你和你的上司。

安安是个外形靓丽、才华过人的女孩子，她言辞机敏，还会四国外语。因为这些原因，她被公司调到了总部担任中层经理。在跟外商谈判的时候，老板总会带着她一起出席。而她也不负老板的期望，非常露脸，用自己出众的气质、机敏的言辞和卓越的语言能力，很快就为公司赢得了不少大订单。这让老板对她非常赏识，同事们也对她万分佩服。老板甚至已经准备提拔她做更好的职务了，就连安安自己也认为，升职的通知很快就会下来了。不过，安安的升职之路在一次商务宴会之后戛然而止了。

那是一次跟外商洽谈业务之后的招待晚宴。在晚宴上，安安也出尽了风头，用德语跟外商海阔天空地交谈，频频举杯，让晚宴上的气氛异常活跃。在宴会上，她经过的地方总能传出欢声笑语，招人眼球。但是她并没有注意到，本该成为这场晚宴主角的老板，因为她的越位抢眼而被夺去了关注度，十分尴尬地站在一边。

这次宴会之后，老板再也没有提起提拔安安的事情。之后过了一段时间，安安因为一次不起眼的小过失，被调到了另外一个不太重要，也没有太大升职前景的行政部门做职员，再也没有和外商洽谈业务的机会了。

安安的失败之处就在于，她犯了一个非常重大的职场忌讳——喧宾夺主，与上司抢风头。她的确出众而优秀，但是公司的主人是老板，宴会的主角同样也应该是老板。安安虽然获得了外商们一致的喜爱，但她让自己的老板陷入了一个非常尴尬的境地。所以安安的被调职几乎是必然会有的结果。

在高层管理者眼中，下属只有两种，一种是实力普通，但勤奋工作、诚实听话、忠心不二的，这种下属是上司最喜欢、最放心的；另一种是很有能力、很有个性，也非常有野心的。这第二种下属，工作起来往往会有不错的成绩，但是却总给上司一种"狼来了"的不安全感。

所以身为一个企业的中层领导者，你必须时刻注意，在你的上司面前，既要尽职，又千万不能越位。应该时刻铭记"谦虚"和"谨慎"两个词，忠于职守，但不要逾越界限。比如，当你与上司一起参加公务会议或者会见客户时，记得自己一定要走在上司的后面而不是前面，即便是上司主动与你聊天，你也要谨记一定要走在比他略微靠后的位置。当你跟上司一起会见客户时，一定不要犯前面安安犯的那种错误，记得把最风光、最露脸的事情留给上司去做，你只需帮助上司"补台"，随时准备替上司应对一些突发的小状况即可。

总之，一个有资质成为企业中坚力量的优秀中层必须懂得如何去拿捏做事的"度"。做事要到位，但不越位，才能让你的上司信任你、重用你，并且大胆提拔你。

不要把上司当成救世主

"做好自己的分内事"，这恐怕是任何一个合格的职场中人所应做到的底线。对于一个有志于成为企业的中坚力量的中层管理者来说，当然也应该能够完美地做到这一点。可事实上，在现实当中确实有不少中层管理者，他们在做底层员工的时候可以很完美地做好自己的工作，但是在成为了管理者和领导者之后却反而成了自己的上司、企业高层的附庸，非但做不好自己分内的工作，还把自己的上司当成"救世主"来看待。很显然，这样的中层是缺乏成为企业的中坚力量的资质的。

诚然，在工作中，有的上司对下属格外关心，经常嘘寒问暖，摆出一副"万事皆可来找我"的姿态。不过，你可千万别被他这种职业性的表态迷惑，更不可抱以幼稚的幻想，以为他拿你当亲密无间的家人。事实上，上司对下属的关心绝大多数都是出于工作目的，是在给予你心理的鼓励，拉近双方的距离，但绝不是打算当你的万能救世主，时刻准备给你扑火消灾。试想，如果你的下属事事都需要你亲自下达指示，隔三差五就要你为他收拾烂摊子，你的心里又会是怎样的心情？

所以说，上司不是救世主，不是你的公仆。上司会指给你前进的方向，但不可能帮你解决任何问题。帮高层分忧，保持上下平衡，并且做好自己的分内事，这本身就是中层管理者的三大职责，是必须具备的基本能力。所以，中层一定要尽可能独立解决自己在工作中遇到的问题，绝不可将上司当成你的"救世主",这对于你闯荡职场、成就卓越是有百害而无一利的。

小吴是某化妆品公司的中层干部,她发现新调来的上司是个热情亲和的人,而且乐于为下属排忧解难。比如晚上加班,他会主动到楼下为各位同事购买盒饭,对每位员工都无微不至地照顾,询问大家有什么问题。

有一次,小吴因为患了重感冒,两天没有上班。一份进度较急的产品策划书,她来不及赶出来了。这位上司知道后,主动跑到小吴的办公室,跟她一起花了一个通宵的时间将策划书做好。当小吴向他表示感谢时,他淡淡一笑:"这有什么,以后有麻烦说一声就行,不要客气!"

从那以后,小吴开始习惯把自己比较赶时间的任务拿出来一部分,去求助这位乐于助人的上司。她觉得这没什么,起初上司也笑容满面地帮她解决问题,他们上下级的关系十分融洽。但时间久了,小吴感觉到不对劲,因为上司对她已经不像原来那么亲近了,取而代之的是疏远和冷淡。

年底业绩考核,小吴发现自己排在了最后一位,失去了拿年终奖的可能性。导致这种情况发生的,正是由于上司对自己的否定性评语。

直到最后,小吴也没想明白这到底是为什么。

为什么热情的上司突然变成了冷面的判官?为什么他前后的反差会如此之大,并在关键的时刻给了小吴重重的一击?原因就在于我们上面所说的:小吴将上司当成了自己的"救世主",角色定位发生了颠倒。自己的分内事,总是让上司去帮忙,那么在上司看来,你的工作价值何在？

下属解决不了自己的困难，会浪费上司的时间并且损害他在团队当中的影响力。因此，总是等待上司为你解决问题，是一种极为愚蠢的行为，如果你总是抱着这样的心理，你永远都不可能赢得上司的支持和认可！

分内事需要自己做，有困难也要自己闯，解决不了才可以去寻求指点。俗话说："天下没有免费的午餐。"你的薪水来源于你的工作，如果不埋头苦干，把自己专属的工作做好，那么你这个中层也就失去了在企业当中立足的根本。如果你能处理自己的困难问题，则不但有助于培养自己的才能和建立必要的人际关系，而且还可以提高你在上司心目中的价值。

成功的机会来源于自己不断地努力，企图让别人为你制造奇迹，或者期望奇迹在一个阳光明媚的早晨自动出现在你的办公桌上，都是不切实际的幼稚想法。对身为中层管理者的你来说，你的上司会给你成为中坚的机会，但前提必须是你通过出色地努力工作争取的结果。要想争取成为中坚，首先必须在上司面前做好分内事，要让他对你放心，而不是为你操心！

你付出得越多，抓住的机会就越多，赢得上司认可，成为企业中坚力量的可能性就越大！

忠诚比能力更重要

在公司里，我们总会看到一些能力很强的中层，他们奋斗了很多年，却迟迟不能加薪升职，真正进入公司的管理层；他们是公司的骨干，却永远无法成为公司的中坚力量。是什么原因，让他们得不到高层的重视呢？其实只要细心观察，我们不难发现，这些中层虽然能力强，但是他们要不就是身在曹营心在汉，要不就是想用公司作为跳板，要不就是没有足够的责任意识。说到底，他们就是缺乏忠诚。

我们都知道，一家公司要想发展壮大，就必须要有优秀的人才。但是，如果这些优秀的人才对公司不忠诚，那么公司的高层又怎么能放心重用他们？

公司需要有能力的中层，但更需要的是忠诚与能力兼备的中层。甚至在很多高层管理者的眼里，忠诚胜于能力。只有一个对公司忠诚的员工，才能够得到发挥自己能力的机会，相反，如果一个人丧失了忠诚，哪怕他再有才能，但他不愿意为企业付出，又怎么能得到自己上司的信任和认可？

所以，身为中层的你如果想要迅速在公司里得到加薪或者升职的机会，成为公司的中坚力量，就不要总是把眼睛放在"能力"二字之上。培养忠诚度，赢得上司的认可才是关键所在。

陈泰先是一名职业经理人，当初他加入乐天服装公司的时候，老板承诺 40 万元的年薪，可到了年底，老板只兑现了 18 万元。但陈泰先并没有因此怀恨在心，反倒是一如既往地忠诚于乐天公司。

后来，陈泰先因为种种问题，还是不得不离开了乐天公司。在离开乐天公司的当月，他就被另一家服装公司的老板请去喝茶，开价 100 万元年薪邀请他加盟。这 100 万元年薪不仅仅只是因为陈泰先的能力，还有陈泰先掌握着乐天的全部经营秘诀的原因。这家服装公司和乐天服装公司是多年的老对头，他们想从陈泰先身上找到打败乐天公司的突破口。

陈泰先拒绝了这 100 万元年薪，因为忠诚是他做人的原则。

乐天的老板得知陈泰先是如此忠诚的员工，感动得几乎流下泪来："我那些员工时时刻刻都在想办法弄走我的钱，如果他们都能够像你这样，该多好啊！"

离开乐天服装公司，陈泰先拒绝了多位老板邀请，身心疲惫的他以自由职业者的身份，给出版社写书稿，或者给企业做管理咨询，就这样一干就是一年多时间。这期间，乐天服装公司老板先后高薪聘请三位职业经理。有了对比才知道差距，老板发现，陈泰先的工作能力和职业品质都是无人可以超越的。尤其当他得知竞争对手曾经高薪邀请陈泰先，而陈泰先没有接受，他更觉陈泰先的难得。

乐天的老板明白，能力出众的人很多，但有能力又忠诚的人才却难以找到。为此，他再次向陈泰先发出了邀请。这一次，他给出的年薪是原来的两倍，并承诺将一年多前欠的 22 万元补给陈泰先。

作为中层，你已经在职场上取得了一定的成功，你也不再是一个职场菜鸟了。但是，担任的职位越高，忠诚度就越会成为你的上司乃至公司老板考量你的条件。如果你缺乏忠诚，你再有能力，也无法成为企业的中坚力量。

如果把一家企业比作一个同心圆，那么圆心就是老板，圆周就是最普通的基层员工。你的忠诚度越高，就会离老板越近，你的职务、薪水、前途等自然也会水涨船高。很多能力出众的员工或者高层管理者天天和老板打交道，却未必得到老板和公司高层领导的认可，就是因为忠诚度不够的原因。

所以说，作为中层要想获得稳定的职业和稳定的回报，成为企业的中坚力量，就要成为越靠近"同心圆"圆心的人。而这就需要拿出你的忠诚。缺乏忠诚，一个人的能力就不可能全部地发挥出来。而且一个对企业不忠诚的员工，你的能力越来越强，对企业可能造成的危害就越大。要知道，一家公司能够存在，这全部都是老板的心血，他怎么会把一个不忠诚的员工放在最重要的岗位上？

有一位从美国留学回来的博士来北京找工作。这样优秀的人才，应该走到哪里都会受到别人的欢迎。然而，他的经历却恰恰相反，不仅被多家企业拒绝，而且还成了这些企业永不录用的对象。这是为什么呢？

原来，博士毕业后，在一家研究所跟几位研究人员一起研发了一项重要技术。由于自己觉得待遇太差，他就带着那项技术的资料跳槽到了一家公司做了副总。不到两年，他又带着公司的机密跳槽到了更大的公司。在短短的五年时间，他先后背叛了不下五家公司，让北京所有的大公司。都知道他的品行，不再用他。

直到最后，这位博士才发现，自己能力这么强，却没有一家公司敢接受他。他现在才明白，最受打击的不是那些公司，而是他自己。因为一个被贴上了 "不忠诚" 标签的人，不仅企业不敢聘用他，就连身边的朋友也会远离他。

能力再强，你也需要一个平台才能展现。想要让这个平台接受你，你就必须有一颗忠诚的心。缺少了忠诚，谁也不会再注意你的能力，正如那个郁郁不得志的海归博士。

一个对企业不够忠诚的中层，不可能把工作完成得很完美；一个对企业不够忠诚的中层，不可能时刻把企业的发展和前途放在心上；一个对企业不够忠诚的中层，才华就无用武之地；一个对企业不够忠诚的中层，永远都不可能赢得企业高层乃至老板的认可。只有对企业表现出忠诚，才能有被雇佣的资格，才有被器重的根基，才有在企业立足的根本。否则，你不仅不能获得上司的信任，反而会被职场无情地淘汰。

从"被抵触"变为"被拥护"

得到同僚支持

　　中层管理者要想在工作中干出一些成绩，只靠单打独斗是行不通的。因为很多工作需要各个部门之间的协调配合，如果配合不好，甚至相互扯皮，相互抵触，那就会陷入"内耗"，不仅难以完成本部门的工作，还会影响企业的整体发展。

相互搭台，共同起跳

对于中层管理者而言，要想在工作中干出一些成绩，只靠单打独斗是行不通的。因为很多工作需要各个部门之间的协调配合，如果配合不好，甚至相互扯皮，相互抵触，那就会陷入"内耗"，不仅难以完成本部门的工作，还会影响企业的整体发展。

要想出成绩，必须要寻求其他部门主管的配合。然而，同僚之间又存在一种竞争的关系，有着一种天然的抵触情绪，如何在这种既存在着竞争，又存在着合作的环境中得到同僚们的支持，是一个亟须解决的课题。

在现代社会，同僚之间的竞争是不可避免的，甚至有时是很激烈的。怎样站稳脚跟，并且和同样出色的同僚合作相处是非常考验一个人的智慧的。同僚之间如果配合默契，那么不仅仅对某个部门发展有益，整个企业也会呈现一派和谐的氛围，有利于企业的稳步发展。

在日本，有一家企业在招聘员工时，就非常重视应聘者的合作能力。他们有一场特殊的考试：把应聘者带到一个农场，并随机将每两个人分成一组，然后发给每组一把锯，要求将一根圆木锯成两段。在锯圆木时，有的两人小组不能相互配合，结果费了很长时间才把圆木锯开；有的组就能相互配合，只用很短时间就把圆木锯开。结果，这家企业将"能否相互配合很快锯开圆木"作为是否录用的一个重要指标。

在一个企业里，如果团队成员间能够互相配合，就可以增强团队的凝聚力。而且，在社会分工更加精细的今天，一个优秀的中层要发挥作用，必须善于与同僚带领的其他部门相互配合，否则将一事无成。只有同僚之间相互搭台，才能共同起跳。

两个年轻人外出旅行，因为迷路而到了一个人迹罕至的地方。绝望之时，这两个饥饿的人遇到了一个钓鱼的老人。老人手里拿着一根钓鱼竿和装着鱼的鱼篓，他们立即向老人求救。老人说："从这里走出去至少有七天的路程，我手里的两样东西分别送给你们，请你们自己渡过难关。"

于是，一个人要了一篓鱼，另一个人则要了一根鱼竿，然后就分道扬镳了。

得到鱼的人走了没几步，就赶紧用干树枝搭起篝火，煮起了鱼。他狼吞虎咽，还没有好好品味鲜鱼的滋味，就连鱼带汤一扫而光。但是没过几天，他再也得不到新的食物，终于饿死在了空鱼篓的旁边。

另一个选择鱼竿的人只能继续忍饥挨饿，一步步地向海边走去，准备钓鱼充饥。可是，当他看见不远处那蔚蓝的海水时，他已经饿得全身没有一点力气了，于是只能带着无尽的遗憾撒手人寰。

多年后，又有两个饥饿的人因为迷路而到了此地，同样在他们山穷水尽的时候，遇到了一个老人，老人手里有两样东西，一是钓鱼竿，一是有一些鱼的鱼篓。老人依然是分别送给他们每人一样东西。这两个人并没有各奔东西，他们商量，两个人的力量和智慧肯定比一个人大，应该互相协作，共同吃着这些鱼去寻找有鱼的大海。

一路上，他们饿了时，每次只煮一条鱼充饥，以有限的食物维持他们遥远的路程。果然，在鱼篓里的鱼将要吃尽的时候，他们找到了钓鱼的地方，终于脱险了。

独木不成林，一个好汉三个帮。正如乔治马修·阿丹所言："帮别人往上爬的人，会爬得更高。"也就是说，每一个中层领导在工作、生活、学习中相互支持和帮助，才能收获更多。中层领导应该以整个企业利益为重，善于跟其他同僚合作，只有互相配合、齐心协力地工作，共同为企业的利益奋斗，整个企业才能发展。

一个优秀的中层一定不要局限于自己的部门，要学会处理好同僚间这个关系，这样才能做到部门间的有效联动，才能真正发挥企业中坚力量的作用。反之，如果处理不好跟同僚的关系，做什么都没有人配合，那你一个人领着自己的部门也做不出什么业绩。

第一个登陆月球的阿姆斯特朗说过一句全世界家喻户晓的名言："我个人的一小步，是全人类的一大步。"对于一个宇航员来说，这确实是他本人的一小步。他的这一小步，又是整个人类从地球走向月球的一大步。

其实，当时首次登月的太空人是有两位的，除了阿姆斯特朗，还有一位是奥尔德林。

在庆祝登陆月球成功的时候，一个记者突然问了奥尔德林一个很特别的问题："阿姆斯特朗先下去，成了登陆月球的第一个人，你会不会觉得有点遗憾？"

在全场有点尴尬的注目下，奥尔德林很有风度地回答："各位，千万别忘了，回到地球时，我可是最先出太空舱的。"他环顾四周笑着说，"所以我是由别的星球来到地球的第一个人"。

在笑声中，大家对他报以最热烈的掌声。正是奥尔德林的配合，阿姆斯特朗完成了整个人类的壮举。

同样，在我们的工作中，任何人和部门都离不开团结协作，相互支持。作为一个中层，如果不能清醒地认识到这一点，不能融洽地跟同僚相处，得不到他们的全力支持和配合，就不可能有大的发展。

作为中层，要想顺利地完成本部门的工作目标，一定要学会主动去配合其他部门，赢得同僚们的尊重和友谊。当同僚有困难时，应当热情地帮一把；当同僚的部门出了问题时，应当尽力地挽救一下，帮他弥补一下。不能总是打着自己的小算盘，对对方的困难视而不见，甚至抱着看笑话的态度来对待。

管理大师杜拉克说："组织团队的目的，在于促使平凡的人，可以作出不平凡的事。"一个优秀的中层，想要带领自己的团队做出成绩，做出不平凡的事，没有其他同僚的帮助和支持是很难的。不懂得合作的中层，如果没有同僚愿意帮你、支持你，你的部门就会被孤立，那你又如何做出成绩呢，只能成为失败者。

为了共同的目标团结协作

一般来讲，一个团队的建立需要三个条件：首先，大家必须具有一个共识，一个大家可以为之而奋斗的方向和目标；其次，团队的成员必须拥有一定的责、权、利及信息的明确分工；再次，团队必须在统一领导下，统一管理、统一调配、统一协调等。而目标是第一位的，作为某一个部门的主管来说，要让其他部门的同僚们配合你工作，就一定要让对方感觉是在为了各部门的共同目标而工作。

每个部门都是一个小团队，而每个部门又可以看作企业这个大团队中的个体。我们知道，优秀的团队能够成就一个企业的辉煌，而一个一盘散沙的团队必将让企业走向下坡路。每一个部门的员工在工作中都应该跟其他同事团结协作，同样，每一个部门也应该优势互补、相互配合，从而形成合力，使整个企业这个大团队发挥出最大的战斗力。

然而，如何让其他部门心甘情愿地跟自己的团队全力合作呢？

显然，光靠某个部门主管的个人魅力恐怕是无法完成这个任务的。正如国内某互联网企业的创始人所说："30%的人永远不可能相信你。不要让你的同事为你干活，而让我们的同事为我们的目标干活。"老板都不见得有那么高的个人魅力，中层管理者就更不可能有了。其他的中层管理者凭什么要配合你，人家的团队凭什么为你干话？要想解答这个问题，需要每一个中层记住这样一个真理：同僚也许会拒绝帮助你，但是绝不会拒绝帮助公司。只要让同僚觉得他是在为"我们的共同目标"干活, 他一定会毫无怨言地配合和支持你。

迪士尼公司全称为 The Walt Disney Company, 取自其创始人华特·迪士尼, 其总部设在美国伯班克, 是一家名副其实的娱乐王国。它牵扯的产业行业众多, 主要业务包括娱乐节目制作、主题公园、玩具、图书、消费品、书籍、电子游戏和传媒网络, 等等。

迪士尼动画片是创意工业的基地, 与其他企业不同, 它特别需要企业内部各部门之间的合作。在迪士尼公司, 没有哪个人或者部门可以对一部动画影片宣称拥有所有权。因为一部动画片的产生, 需要从导演到摄影、绘画、剪辑等工作不同却又相互联系的部门、成员之间的密切配合。

作为企业领导人, 如何为整个大团队制定奋斗目标, 加强团结和沟通就成为其首要工作。曾经有个男孩问华特: "你画米老鼠吗?" "不, 不是我。"华特说。"那么你负责想所有的笑话和点子吗?" "没有, 我不做这些。"最后, 男孩追问: "迪士尼先生, 你到底都做些什么啊?"华特笑了笑回答: "有时我把自己当作一只小蜜蜂, 从片厂一角飞到另一角, 搜集花粉, 给每个人打打气, 我猜, 这就是我的工作。"华特为企业制定的目标, 就是各个部门之间乐于配合的"共同目标"。

在迪士尼, 要做一部动画片, 流程往往是这样的: 首先, 一个良好的创意被领导层讨论通过后, 领导层就把这个工作当成一个阶段目标。负责该项目的董事会副主席和经理就会召集动画片制作的总裁开会, 在这个会议上集思广益, 把公司各个部门的意见汇总讨论, 从而确定最佳方案。

因为这个工作依靠独立的部门是完不成的，因此，在方案确定之后，领导层就开始召集导演、艺术指导、幕后指挥等那些一线工作人员集思广益。在这个会议上，大家来自不同的部门，但都为共同的目标出谋划策，热烈地讨论动画片的制作和构想。

在这个过程中，各部门领导都畅所欲言。因为他们都懂得大家应该团结一致建立起相互支持和帮助的协同工作方式，向着一个共同目标努力的道理。

就这样，用一个共同的目标使每一个部门、每一个成员都发挥出最大作用，迪士尼公司出产了许多经典的动画片。

整个大团队的领导者当然不只像华特说的那样，只是一只替人打气的小蜜蜂，他其实还是团队中的灵魂人物。一个团队的领导者，就像作战时的将军一样，给各支部队下达命令，指明目标，这样，各支部队才能为了共同的胜利而全力协作。这才是领导者最大的价值所在。而中层则是下面部队的领导，要想别的部队配合你作战，就要让他们的领导明白，大家都是为了同样的目标——打胜仗。

一个哲人曾说过，你手上有一个苹果，我手上也有一个苹果，两个苹果交换后每人还是一个苹果。如果你有一种能力，我也有一种能力，两种能力交换后就不再是一种能力了。这段话用到职场上，就是说每个部门都有各自的职能，要想获得同僚们对自己工作的支持和认可，必须要让对方的目标跟自己一致，让对方也有收获。这种动力只能来自一个共同的奋斗目标，一个能让个人、部门、企业利益统一起来的目标。

"圆舞曲之王"约翰·施特劳斯曾经在美国波士顿指挥过一个拥有两万人参加演出的音乐会。在表演之前，很多人觉得他不可能做到。因为指挥一个几百人的乐队已经很困难了，何况是两万人呢？

到了演出那天，满怀期待和好奇的观众早早地来到音乐厅，人们既想欣赏乐团精彩的表演，又想看看施特劳斯到底是怎么指挥如此庞大的乐团的。其实，这个秘密揭晓了一点都不神奇，原来施特劳斯任命了100名助理指挥。演出开始后，他们紧跟着施特劳斯的指挥棒，配合得就像一个人。

为了奏出优美的音乐，所以指挥们愿意相互配合；为了企业的整体效益，即使某项任务对于其他部门提高业绩并无帮助，其他部门的主管也同样会选择配合你完成这项任务。比如你是销售部门的管理者，如果自己的部门在商场上千辛万苦把客户争取来了，而生产部门却没有货供给，这必然影响自己的工作，同时，也影响整个企业的运营。这就需要跟生产部门沟通，让对方明白，若能保证生产，不仅能完成对方部门的生产任务，而且也是帮了自己的忙，对整个企业都有好处。这样，生产部门的主管必然会主动配合你的销售情况安排生产。

从这里我们可以看出，拥有一个共同的目标可以让同僚们主动帮自己干活。因此作为一位优秀的中层领导，要学会让同僚看到你们的共同目标，从而支持你，配合你的工作。

赢得同僚的友谊和尊重

同僚之间的竞争和摩擦有时候是不可避免的，那么到底应该如何相处，是毫无感情、公事公办吗？然而，"百年修得同船渡，千年修得共枕眠"，我们中国人是特别讲究缘分、珍惜缘分、善待缘分的。我们跟同僚之间，从事共同的事业，也可以说是乘坐在一条船上，也是一种十分难得的缘分。

来自四面八方的我们，为了事业上的共同目标，相聚在一起，组成了一个紧密联系的团队。在工作中，同僚们之间相互帮助，密切配合，才能做出更好的成绩，为企业作出更大的贡献。这种难得的经历和深厚友谊是我们宝贵的人生财富。

同僚之间分工有不同，竞争也难免，是一种比较特殊的关系。它不同于父母兄弟之间的血缘关系，又不同于夫妻之间以感情为依托，彼此承担着义务和责任，也不同于朋友之间的友谊。同僚之间要想维持好良好的关系，需要释放出更多的理解和善意。

其实在每个人的内心深处，都有一份渴望，渴望得到别人的理解、认同、善待，渴望和谐的人际关系。同僚之间，交往是很频繁密切的，因此，相互之间的人际关系就显得异常重要。如果我们每个人都能够自觉地善待同僚，别人一定会同样待你，这样就能为自己和自己的部门营造一个更加和谐的氛围，打造一个更光明的前途。

20世纪初,美国人弗兰克·芒西创办了著名的芒西报团。在他的团队里,有一位名叫欧尔曼·雷奇的同事。这位同事的身体有些缺陷——他的右耳在几十年前就失聪了。

自从欧尔曼·雷奇的右耳失聪以后,芒西不仅从来没有为他的缺陷而笑话过他,而且更加尊重这位同事。

更为难得的是,只要是弗兰克·芒西与欧尔曼·雷奇在一起,无论在房间里、写字楼,还是在汽车里、大街上,甚至在进餐的时候,芒西都很注意地站在欧尔曼·雷奇正常的那只耳朵的一边。而且芒西做得十分自然,根本没有人注意到他的做法是刻意的,这让雷奇完全没有自己是个残疾人的感觉,非常感动。

后来,欧尔曼·雷奇为了表达他对芒西的深厚友谊和尊重之情,写了《芒西的传奇》一书。

芒西是一个处处善待他人、为他人着想的人,因此,他赢得了同僚们的友谊和尊重。同僚在工作中的关系密切,就像同一架车上的战马,同一台机器上的零件。各人拥有各人的位置,各人发挥着不同的作用,如果不合拍,自己的部门工作起来就无法顺畅,个人前途也就黯淡无光。

同僚之间相处融洽的好处是显而易见的,大家心情愉快,可以提高工作效率。从时间上看,同僚甚至比和家人相处的时间还长;从个人前途影响来看,众人拾柴火焰高,搞好关系对自己的前途很有好处。

因此,同僚在相处的时候,应该本着善意来处理相互间的关系,多照顾别人的感情、情绪,真正地理解和体谅对方。当同僚取得成绩时，你应当替他高兴，并送上你真诚的祝贺或鼓励。当同僚在工作中不慎失误时，你应该伸出热情的手搀扶一把，帮助他，切忌幸灾乐祸。对于那些需要不同部门之间密切配合的工作，应该相互理解和支持，积极同对方商讨，避免擅自做主处理。这样，感情也就自然而然地建立起来了。

比如，当你到同级的部门中谈工作的时候，如果发现他的员工工作起来很认真或很热情地招待你，你可以这样赞扬你的同级："你培养的员工真不错，这也是你工作效率高的秘密吧?"听到这样的话，你的同级肯定会高兴的，你们谈起工作来也会更加顺利。

同级之间的工作常常会有交叉，难免会产生一些误解和分歧，有一些磕磕碰碰和摩擦，这需要我们用正确的心态去看待。在具体工作中，因为立场不一样，各部门管理者必然会出现矛盾。比如，生产部门可能从生产的角度看企业的发展，而销售部门则更看重产品在商场上的竞争力，另外还可能牵涉到某些利益上的问题。矛盾是前进的动力，没有矛盾就没有发展，这种矛盾是很正常的，是主管们看问题的视角不同使然。

某知名社会学家和心理学家曾说："如果现在有一位长得国色天香的美女来到我们的面前，任何一个人拿着一只500倍的放大镜来观看这位美女的脸庞，一定都非常失望，因为我们所看到的将是坑坑洼洼、凹凸不平的一张难看的脸。"

人无完人，善待同僚，其实最重要的是理解、宽容，同时，这最能体现一个人的修养和境界。善待同僚，就是要在某个中层领导在工作中遇到困难的时候，主动地帮助他排忧解难，在人、财、物等方面给予帮助、支持，对有成绩的同级中层领导表示祝贺和赞扬，对正确的看法、意见表示赞同，对不正确的观点或做法提出诚恳的、善意的建议或批评，等等。

总之，善待同僚可以防止中层领导间的矛盾进一步加大，可以促进部门之间的团结协作，赢得同僚们的支持和肯定，这样自己工作起来才能更顺利，在职场上的前途更光明。

有理也要让三分

我们都知道将相和的故事。战国时，蔺相如因完璧归赵和渑池会上的表现而封了大官，却被老将廉颇忌妒。廉颇认为自己劳苦功高，对此不服，而屡次故意挑衅说："以后让我见了他，让他下不了台。"蔺相如以国家大事为重，请病假不上朝，尽量不与他相见，在街上遇见了还主动退让。后来廉颇终于顿悟，向蔺相如负荆请罪，从此将相和，赵国兴旺。

俗话说，有理走遍天下，无理寸步难行。讲理是天经地义的事情，道理在谁的手中，谁就底气十足，得道多助；而没理的一方，则会失道寡助，很难得到大家的认同。那么，如果你跟你的平级同僚发生了不愉快，你是对的，对方是错的，"理"的确握在你手中了，你会如何？是得理不饶人，还是有理也会让三分呢？

同级之间各自带领自己的部门工作，自己的部门跟其他部门既有合作又有竞争。因此，同僚之间产生分歧，出现矛盾是经常会发生的事情。如果通过双方自己的调解或者其他同僚的劝服，化解矛盾固然是好，但是如果明明道理在自己这边，对方却是"死不悔改"，不肯认错又怎么办呢？

在现实生活中，经常可以看到有些人一旦占了理，就很有"得理不让人"的意思，气势汹汹。然而，这样的做法能解决矛盾吗？一般来说，被批评的同僚要么因为自己理亏，表面上认错，但实际上是口服心不服，对你不以为然，这种情况下你是赢了论战输了交情；要么就是根本不买你的账，拒不认错，两人都得一肚子气，不仅对矛盾的解决根本没一点儿益处，还收获了一个"敌人"。

其实，即使道理在自己手里，也不要得理不让人，甚至是为了一点鸡毛蒜皮的小事非要分出个胜负来，结果矛盾越闹越大，事情越搞越僵。在工作中，几乎天天需要跟其他部门的同僚们相处、共事，天天都会遇到新情况，也不可能事事顺心，如果因为自己"有理"而整日抓住别人的小辫子不放，弄得"敌人"一大堆，对自己的工作和前途又有何益呢？

某公司把一个大型的项目交给了王岩和郑廉，他们都是公司的中层经理，手下都是精兵强将，他们各自把本部门的工作搞得有声有色，成绩出彩。两人的性格也很不一样，负责销售部门的王岩风风火火，激情四射；而负责生产部门的郑廉则干什么都不紧不慢，喜欢稳扎稳打。

接到新项目之后，两人开始了合作。王岩的团队很快就做出了成绩，接到一个大单，正当他兴冲冲地安排仓库出货时，却被告知生产部门还没有安排生产该产品。这一下，王岩生气了，他认为自己是占理的一方，就去质问郑廉为什么不安排生产。

没想到郑廉也有自己的理由，说是设计部门要求他们优先试产一批新产品，所以王岩要的产品被安排在下一周生产。双方谁都不服谁，谁都认为自己的方法是正确的，闹到了总经理面前。

在总经理的要求下，两人只好硬着头皮合作下去。但是几天下来双方总觉得别扭，原先总觉得自己有理而寸步不让的王岩感觉这样对自己的工作一点好处都没有。于是，他决定自己退一步，他主动找到了郑廉，跟对方说："虽然按照公司规定，你应该先安排生产销售部出的订单，不过你是因为公司的新产品才耽误了，是为了公司的大局着想。是我脾气太着急了，你别放在心上。"

这一下，本来就理亏的郑廉觉得不好意思了。他说："这事儿说起来也是我工作失误，一开始没跟你沟通，不知道你要急着发货。这样吧，我安排调整一下生产计划，加几天班，给你把产品赶出来。"

就这样，王岩跟郑廉和好如初，订单也按时完成，两人同时受到总经理的奖励。

王岩在处理和郑廉的矛盾时，就采取了"得理也饶人"的方式，退一步海阔天空，这一大度的做法赢得了郑廉的支持，结果郑廉领着工人加班加点按时完成了生产任务，很好地支持了销售部的工作。

在工作中，中层领导的主要目的是把工作做好，把本部门的任务完成好，而不是争一时之气，一定要让其他部门的同僚"服气"。即使你是有理的，讲理你也赢了，但是这样的争论有什么意义呢？咄咄逼人只会让矛盾加深，不仅会失去"人缘"，还会耽误部门任务的完成。

因此，在工作中，跟同僚相处，有理也应该学会让人。特别在一些非重大问题上，没有必要弄得那么清楚明白，非要分出谁对谁错来。这时应该可以试试"难得糊涂"的心态，糊涂一下，得理也要让三分，用宽容之心待人。

即使是在比较严重的问题上，也尽量用委婉一些的方式跟对方沟通，以防止矛盾再次激化，隔阂继续加深。得理也要饶人，退让并不是逃避，批评也要能让人接受，这样才能达到一种大事化小、小事化无的双赢效果。

对于企业的中层来说，人际关系的维系是非常重要的，这直接关系到工作和晋升问题。虽然人和人相处总会有摩擦，但是切记要理性处理，即使道理在自己这边，也不要盛气凌人，非得争个你死我活才肯放手。不然，就算你赢了，大家也会觉得你不给他人留面子，没有容人之量。争了一时之气而失去大家的认可，那可真是得不偿失了。

为此，有理也要让三分，有话一定要好好说，切忌把与同僚沟通当成辩论比赛。而且，同僚本来也不属于你直接领导，要求对方配合一定要以友善、和气的态度为前提。那些得理不饶人的、太爱较真的人，其实只是做了一件把小分歧变成大冲突的傻事。同僚之间不需要大动干戈，有理也能让三分的肚量，只会让你得道多助，让你在今后的职场中有更光明的前途，所以，让三分，不吃亏。

善于与同僚沟通

一位国内知名的人力资源专家指出:"许多有能力的中层领导人在职场中普遍表现出来的自负和自傲,使他们在融入工作环境方面显得缓慢和困难。他们不喜欢跟别人沟通,缺乏合作精神,项目都是自己做,不愿和同僚们一起想办法,这大大制约了他们能力的发挥,影响了他们在职场中的进步。"

人们常说千里马常有,而伯乐不常有。其实在现代企业,千里马和伯乐都常有,特别是千里马,每一家企业都可以说是人才济济,高手如云。在工作中,即使跟同僚之间确实存在着不小的年龄、资历、经验、文化知识和能力的差异,也要融进去,跟他们做好沟通合作。身为中层,身为某个部门的主管领导,如果不懂得跟其他部门的同僚们合作沟通,那是很难做出好成绩的,很难有任何发展的。

在日常生活与工作中,同僚们之间应经常保持联络,及时进行感情、信息交流和沟通,这样才能增进互相间的了解和信任,减少一些不必要的误会和摩擦。跟同僚们之间精诚合作,还能在企业里形成一股较强的合力,提高自己的影响力。

珍妮和华斯是同一家营销公司的两位优秀中层领导。最近,总经理准备在他们俩之间作出选择,提升一个做销售部经理。实际上,珍妮擅长的是人事管理方面。而在销售方面,无论是经验还是能力,华斯都高出珍妮一大截。

为了考察他们，公司的高层把一项重要的项目安排给他俩，告诉他们如果这个项目的成绩突出，他们俩将获得晋升机会。

有一天休息日，珍妮去华斯家做客，想顺便与华斯交流一下工作中的问题。一开始，华斯似乎有些保留，不太愿意谈项目的话题。不过，珍妮的坦诚渐渐打动了华斯，华斯打开了话匣子，原来他对这个项目已经有了非常周详而又容易操作的方案。他说出了自己的方案之后，珍妮发现对方确实比自己有优势，工作经验丰富，能力也不错，并且还富有激情，便坦诚地说："你在销售上比我有经验，假如这次我全力配合你，把团队的人事关系弄好，让你没有后顾之忧，怎么样？"

华斯听到珍妮这样说，非常感动。马上表态："如果你能支持我，那真是太好了。其实这个项目对我来说难度并不大，唯一的顾虑就是人事关系。如果你能帮我解决，我一定会尽我的全力，这个项目一定能做好……"

就这样，珍妮配合华斯把这个项目做得非常出色，并且跟上司坦言华斯在销售方面比自己有能力，帮助华斯顺利地晋升了销售部经理。为此，华斯对她非常感激。

半年后，公司的人事部经理离职，华斯力荐珍妮接任，并在考察活动中极力配合帮助珍妮。结果，珍妮也顺利晋升了人事部经理。两个人在以后的工作中继续精诚合作，成为公司不可缺少的中坚力量。

透过珍妮的故事，我们不难看出增进了解，精诚合作的重要性。珍妮正是由于与同僚华斯进行了有益的交流和沟通之后，才使她对自己有了进一步的了解，主动放弃了被提升的机会，而全力配合华斯的工作。结果华斯晋升之后，也对珍妮投桃报李，在合适的时机帮她获得了晋升。

阿尔伯特是美国著名的金融家，在初入金融界时，他的一些同学教给了他一个最重要的秘诀，"千万要肯跟你的同僚讲话"。据统计，现代工作中的障碍 50% 以上都是由于沟通不到位而产生的，而沟通、合作是在职场迅速发展的重要秘诀。

一个中层，如果想在职场上得到进一步发展，成为老板的心腹和得力助手，就不能做孤家寡人，必须得到同僚们的支持和拥护，这样做起事来才能得心应手。一个不善于与同僚沟通的中层领导，是不可能做好本职工作的。

作为一名中层领导，要想与同僚建立精诚合作的关系，通常可以从以下几个方面着手去做。

第一，接受、承认、欣赏同僚。

美国学者布吉林教授等人提出，建立良好的人际关系的技巧有三，用英文来说，这三个词的第一个字母都是 A：第一个 A 是 accept，建立良好关系的第一步就是接受别人。在人际交往中，最不受欢迎的人是做人比较刻薄的人，因此，要乐于接受对方。所以，与人交往要严于律己，宽以待人。此外，自以为是、目中无人的人也不受欢迎。第二个 A 是 appreciate，意思是要重视对方。第三个 A 是 admire，就是在与他人交往时要赞美对方。

在一个企业的内部，同为中层领导，年龄有老有小，而且性格迥异，经历不同，但各自都有独到之处。所以，要承认对方的优点，尊重对方，学会欣赏你的同僚。

第二，不做影响团结的"小人"。

组织或企业是一个团结合作的集体，它需要每个中层领导都能进行善意的交流和有效的沟通，配合默契，精诚团结。如果中层领导之间处于一种无序和不协调的状态之中，就无法形成相得益彰、共同发展的局面。

那样的话，个人也就无法做出成绩，如果你抱着"就是我做不成，我也不让你做成"的想法跟同僚们相处，那么，你的前途也要到头了。而且，高层也非常讨厌这种中层领导之间的争斗而引起的内耗，一旦察觉你是影响团结的"小人"，肯定立马让你走人。

第三，主动配合同僚。

在工作中，要学会主动配合同僚的帮助，特别是相关部门之间，比如销售和售后部门之间，就应该相互支持，相互理解。不要认为只有自己的工作重要，要看到同僚也需要你的配合。只有主动去配合同僚，才能得到对方的肯定和拥护；如果喜欢各自为战，把自己的工作跟同僚完全割裂开来，那么当你需要别人配合的时候，那恐怕也很困难。

需要注意的是，一定要在完成自己的本职工作后，在有时间和能力的情况下，再去帮助其他同僚，同时要掌握好时机、分寸和方法，以免好心办坏事。

第四，学会向同僚求助。

向同僚求助，也是一种不错的沟通和合作手段。在企业之中，向同僚求助并不丢人，是再正常不过的事情。尺有所短，寸有所长，你自己很为难的工作，可能在同僚那里却很简单。另外，请求同僚的帮助，也能加强团队的合作风气。

需要注意的是，在请求同僚帮忙时，把合理的理由说明白，别拐弯抹角让人猜。另外，因为别人并没有义务帮你，所以一定要客客气气的，即使对方拒绝了你，也不要纠缠不休或者心里不痛快，仍然要客客气气的。

总之，一个优秀的中层一定要善于跟同僚沟通合作，善于向同僚表达我们的尊重、友善、欣赏、协作之意。这样才能赢得同僚们的支持和拥护，使自己最大限度地实现职场目标，成就事业上的长远发展。

与同僚相处的 6 大原则

某社会专家曾经说过："我们一来到这个世界，便坠入了错综复杂的社会关系网络中，扮演着不同的角色。在家中，你是子女，又是父母；在企业，你是下属，又是上级；在社会，你是小辈，又是长辈；在交往中有熟悉的，也有不熟悉的。在这个巨大的网上，你个人就像是一个关节点，从个人出发，像水纹一样，形成一圈圈以个人为中心的人际关系网。"

因此，能否成为一名优秀的中层领导，不仅取决于能否把本职工作做好，很大程度上还取决于其处理人际关系的能力。因为只有拥有良好的人际关系，博得同僚们的好感，才能在自己周围创造出一个和谐的工作环境，才能得到同僚们的配合和支持，从而让自己做出不俗的成绩。

在职场上，有这样一种情况普遍存在：某些中层虽然本身有着很强的能力、很丰富的经验，但却没有很好的人缘，很多同僚对他们有偏见和误会，不愿意在工作上支持他们，这种情况严重影响了他们的前途。

那么在与同僚的相处中，怎样才能得到他们的拥护而不是抵触呢？在这里有六个建议。

第一，对同僚学会尊重、信任、感恩。

在工作中，一定要低调一些，不要过于自大、自负，不要轻易否定别人，不要认为只有你做的工作才是最有价值的，要尊重你的同僚。

另外，要学会信任同僚，相信他们的工作能力，如果你对同僚总是充满着怀疑和戒心，就失去了合作的基础。长此以往，你跟同僚之间的关系便会如履薄冰，无法协作，那所有的事情就只能自己扛了。当然，信任也是有限度的。

有的同僚给你帮助，哪怕是他们不经意间的帮助，也要懂得感恩。不能因为事情小，就不言谢。当然感恩的方式不只是对他说一句简单的"谢谢"，也可以在同僚需要帮忙的时候给予及时的帮助。滴水之恩，涌泉相报，这样双方关系自然会好起来。

第二，同舟共济，主动伸出援手。

帮助同僚解决工作上的困难是为了更好地合作，同僚之间，不一定要成为亲密的至交好友，但一定要成为志同道合的伙伴关系。只有同心协力，才能做好工作，当对方在工作上遇到困难的时候，不要幸灾乐祸，应该主动伸出援手。当同僚取得成功的时候，给予热情而真诚的祝贺。

第三，坚持立场，敢于担当。

在一个企业里，一个优秀的中层领导，一定不能做一个没有立场的"好好先生"。做好好先生的结果，绝不是每个人都喜欢你，而是每个人都会讨厌你。成为老好人的做法，是坚决要不得的。

你不要奢望每个人都喜欢你，只要保持自己的立场，做什么事情敢于担当，自然能赢得别人的尊重。那些左摇右摆，立场不坚定的人，很容易被同僚们鄙视唾弃。如果在合作中出现了问题，自己千万不要推脱，一定要敢于去承担责任，这样才会使同僚对你有好感。

第四，学会换位思考，多为对方着想。

当跟同僚们发生了某些分歧或者误会的时候，比如，生产部门没有及时把你们销售部门需要的产品生产出来，一定不要不分青红皂白地指责同僚，而要及时跟对方沟通，了解对方的难处，站在对方的角度上看问题。

换位思考之后，可能你会惊讶地发现，你真的能够理解对方的苦衷了。那么你还有什么理由去责怪他呢？这样，就能跟对方更好地寻找处理方法，而不至于把同僚间的关系弄得太紧张。

另外，如果与同僚们发生了矛盾，一定要理智，控制好自己的情绪，首先进行深刻的自我反思，先从自身寻找原因，然后再理智地确定解决矛盾的最佳方案。同时应该多为对方着想，让对方感受到你的大度，这样才能赢得对方的感激和尊重。

第五，低调做人，高调做事。

在工作中，聪明的中层领导应该低调一点，俗话说谦虚使人进步，骄傲使人落后。低调做人会让你给同僚一种稳健的印象，这种印象不仅无损于你的威信，还会让你得到好人缘。如果能够适当"傻"一点，把出风头的机会让给同僚，让他们有机会满足自己的优越感，能更容易获得他人的认可和亲近。

而在工作上，则应该高调做事，要把你的工作做得精彩完美，向同僚们展示你的工作能力，从而让同僚佩服你，愿意跟你合作。

第六，学会容忍。

韩愈曾说："责己重以周，责任轻以约。"每一个人身上都会有这样那样的缺点，在工作中，也许同僚们会暴露出很多的缺点，对待这些，你需要的是容忍。你很难改变他们，所以只能改变自己，提高自己的忍受能力。当你适应了他们的时候，你就能使这些原本难以忍受的缺点得到化解，而不是进一步加大。遇事先"责己"，学会容忍别人的缺点，才是一个成熟睿智的中层。

当然，一个人再能容忍也难免出现这样那样的矛盾，解决矛盾时一定要做到对事不对人，不要进行人身攻击，更不能把工作矛盾变成个人恩怨。那样只能使问题进一步扩大化。假如同僚一时情绪过激、失去理智，你可以理智地暂时回避一下。

当然，强调"责己"和容忍并不意味着自己要做一个没有骨气的人，也不等于在矛盾激化时临阵脱逃，更不是对对方的错误作无原则的迁就和让步。这种回避只是为了防止矛盾进一步激化。

但是，对于事关原则的大是大非问题，对于影响到自己重大利益的事情，则要在态度诚恳的基础上据理力争，坚持原则。

与同僚交往的 6 大禁忌

一个人是否能够成为最优秀的中层领导，很大程度上取决于其处理人际关系的能力。在职场上，有很多禁忌，如果不注意这些禁忌，很可能会无意中就得罪了人，失去了同僚们的支持和友谊。从某种程度上来说，要想使自己成为最优秀的中层领导，在于同级之间建立起良好的人际关系，对于跟同僚们交往的禁忌，你一定不可以不知道。

去年 5 月，许成应聘到某广告公司做部门副主管。该公司的部门主管刚刚离职，原来还有一名副主管李阳，公司决定通过一段时间的考察来从许成和李阳之中选一个升为主管。

看到新来的许成对自己的升职构成了威胁，这让自认为是公司元老的李阳很不爽。工作中，李阳总是有意刁难许成，给他设置障碍。除了故意增加许成的工作量，还经常"侵吞"他的工作成果。比如，许成做好的策划案，李阳稍作修改后便单署自己的名字，交到总经理那里，宣称是自己的成果。

李阳的投机取巧取得了一定的"成果"，总经理夸他说："嗯，还是老员工工作能力强啊！"李阳更加得意起来，说："那是，我在策划部的经验和能力，那是没人能比的！"看着得意忘形的李阳，总经理微微一笑，只说："不错，继续努力吧。"

看着李阳得意的样子，就连一些以前妒忌许成的同事，也开始为他愤愤不平了："你也太老实了，不就是比他晚来公司几天吗，也不能让他这么明目张胆地抢你的功啊！"

许成只是笑笑："干好工作是我的本分，其他的我也不想计较。"结果，许成的低调作风反为他赢得了好人缘。有些员工就把这件事偷偷向总经理做了汇报。

3个月之后，总经理宣布了一项人事任命：许成升为策划部主管。面对前来询问的李阳，总经理说："你的策划风格我很了解。你给我的作品是谁的我也很清楚。经验丰富才是你的优势，我本来想让你做主管的，但是一个总想着抢功劳的主管我还真不放心用。你还是另谋高就吧。"

李阳其实就是犯了职场上的一个大忌，私心太重。本来，作为企业里的中层领导，追求工作绩效，希望赢得上司的好感，获得晋升，这是无可厚非的事情。但是，如果为了这些目的而犯了与同僚交往的禁忌，伤害了对方的感情，这就得不偿失了，即使偶然占了便宜，也必定不能长久。

下面这些就是与同僚交往的一些禁忌。

第一，私心太重，与同僚争功。

一个人如果时时刻刻只想着自己的利益，甚至做出损人利己的事情来，那么这个人肯定是不会受大家欢迎的。

例如，把别人的工作成果据为己有，合作的工作故意抹杀别人，等等，这样的做法是最遭人恨的。

因此，当自己所在部门跟同僚的部门合作取得了成绩，公司论功行赏之际，一定不要过分为自己争功，要低调、礼让，更不要因此与同僚发生争执。

第二，总想说服别人。

在工作中，许多中层领导能力强、非常自信，但是有些强势。他们总认为"沟通就是说服别人"，甚至，很多中层领导不能容忍另类思维，假如别人同自己的观点不一样，好像就是向自己挑衅一样。也许这样的思维是因为在自己的属下面前习惯了扮演教师、权威、家长的角色，但是这样的态度对同僚来说，绝对是大忌。

总想说服别人，让别人对自己让步的中层领导，会给其他同僚们带来压力感，从而给沟通合作制造无法逾越的障碍。沟通的目的并不是要证明谁是谁非，也不是一场你输我赢的游戏。有效的沟通方式应该是平等的、以人为本的，让同僚感受到你的坦诚而不是强势。它的目标是要促进同僚之间的理解，从而使工作更顺利。只有让同僚感觉到你的尊重和真诚，才能产生这样的沟通效果。

第三，不合群。

有的中层领导在跟同僚一起参加的活动中，总是不喜欢出头露面，别人热热闹闹地交流时，自己却静静地坐在那里，只是一个旁观者。

其实这样并不好，中层领导作为组织或企业之中的一员，一定要在同僚参加的社交活动中融入其中，不要仿佛局外人一样。因为不合群的人必将被孤立，成为企业里的少数派和另类，这样的人很难得到同僚的友谊。

第四，拿着鸡毛当令箭，直接指挥同僚。

对于同僚来讲，在一个组织或企业的内部，大家的地位和级别是平等的。

即使某个项目由某个部门的领导来牵头，那也仍然是一种协作的关系。同僚之间对命令是非常敏感的，如果一个同级的中层领导拿着鸡毛当令箭，来给自己下命令，让你干什么不干什么，谁心里都不会太舒服。

直接指挥同僚的后果，就是让同僚心里产生芥蒂，影响人际关系，同时，工作往往也不会尽心去干，可以说是百害而无一利的。因此，指挥同僚的事还是需要由高层来做，如果自己牵头的项目需要同僚们配合，那还是用客客气气的请求比较好。

第五，搬弄是非，造谣中伤。

一些中层领导喜欢约同僚们小聚，然而在这样的场合，他不是跟同僚们谈些轻松愉快的事情，而是对工作、公司里的人或事发牢骚，搬弄是非。也许他认为同僚既然和自己喝酒了，应该站在自己这一方，成为自己的同盟。很显然，在同僚面前搬弄是非，无疑把自己的把柄交给对方。

即使对方不用这个把柄来对付你，别忘了还有这样一句话"来说是非者便是是非人"，是非是一种杀伤性和破坏性很强的武器，而搬弄是非就不仅仅是职业素养的问题，而是人品问题了。

如果一个中层领导非常热衷于传播一些挑拨离间的流言，甚至蓄意制造矛盾、设置陷阱，坑害、中伤、打击同僚，做这些不利于团结的事情，那么别说你能不能升职了，相信你在这个单位的日子也就不长了。

第六，拉帮结派，搞小圈子。

工作之余，同僚间一块儿吃顿便饭，一块儿去唱唱歌，消除工作带来的疲劳，这是同僚间联络感情的一种正常的方式。但是，一定要注意，正常的社交行为一定不要变成拉帮结派，搞小圈子的活动。

无论同僚们的家庭、背景、能力等方面存在着哪些差异，一个优秀的中层领导都要注意做到平等待人，尤其是在人格上要一视同仁。即使其他同僚之间有些不和谐，自己也要尽量跟每一位同僚都保持友好的关系。如果搞起了小圈子和小山头，就相当于让自己的人脉网络缩窄了，对今后的发展非常不利。

因此，要尽量避免牵涉入办公室政治或斗争，不搬弄是非，不拉帮结派，这样才能获得最多数同僚的信任和好感。

总之，在职场中，一个中层领导应该时刻谨记这些禁忌，跟同僚交往时不要触到这些高压线，否则就等于在自己周围埋下了隐患，很可能使自己辛辛苦苦打拼得来的一切付诸东流，影响自己的职业前途，尝到苦果。

从"指责型"变为"激励型"
——— 有效激励下属 ———

　　未来团队管理的重要趋势之一，必将是管理者不再像过去那样扮演权威角色，而是想方设法以更有效的方法，激励下属的士气，引爆下属的内在潜力。只有这样，才能创造团队的最高效益。

激发员工士气，引爆员工潜力

作为一个中层管理者，你肯定希望自己的下属可以拼命工作，为团队创造更多的效益。要想让下属使尽全身力气，为工作付出最大的努力，管理者就要对下属进行必要的激励，将其潜在的能量全部激发出来，这是每一个有志于成为公司的中坚力量的中层管理者必须学会的一项管理技能。

应该说，激励是让下属努力工作的驱动力，下属的很多行为都是因受到激励而产生的。如果一个人的上司是个善于激励自己的人，那么他便会自动自发地发挥主观能动性和自身的才能，全身心地投入到工作中来，确保团队实现既定目标，推动团队发展。作为一个中层管理者，如果你做不到这一点，对待下属总是指责多于激励，下属的工作积极性就会大大降低。

关于楚汉争霸中的故事，我们都已了解了很多，而其中有个因得不到领导激励而选择离开的故事，或许你没有听过。在此，我们就来看一下。

陈平曾是项羽的谋士，因得不到重用而投靠了刘邦，他毫不客气地给了项羽一个"差评"。他说："表面上，项羽非常关心士兵，有士兵生病，他会难过得掉眼泪。但是，要让他对将士们有所奖励，实在太难了。他手里拿着发给士兵的'印鉴'（相当于公章、任命书），印鉴的角都已经磨光了，他却迟迟不肯发给士兵。士兵得不到应该有的奖赏，就觉得他并不是真的对他们好，就连看见士兵流泪的事也是鳄鱼的眼泪。时间一长，士兵们看穿了项羽的英雄本色是虚伪的，他们觉得跟着这样的将领难成大事，就纷纷离开了他。"

最终，果然如他预言的那样，项羽的确没有成就大事业，最终败给刘邦，自刎于乌江。

看得出，项羽正是由于太过虚伪，不舍得用奖赏的方式来激励手下士兵，最终导致众叛亲离，身边的人才和士兵纷纷弃他而去，这不能不说是他管理上的一个很大漏洞。

在现今的职场中，像项羽一样的管理者并不少见，他们忽视下属的成绩，吝惜激励之词，下属因此受到打击，工作热情荡然无存。

林希童是个入职不久的员工，加上年轻气盛，每天都神采奕奕的，好像身上有使不完的劲儿。

一天，她兴高采烈地回到公司，热情地对部门经理说："经理，特大喜讯！我那个难缠的客户今天终于同意签约了，而且订单金额比我们预期的多 30%。如果不出意外的话，这将是我们部门这个季度利润最高的一笔订单。"

林希童满心兴奋地等着经理表扬她，但经理的反应却很冷淡："我知道了。我问你，昨天开部门会议的时候，你怎么不在？"林希童说："我那时候正在和客户谈订单的事情。"经理不悦地说道："那你为什么不跟我请假？"林希童说："我只顾着谈订单，把这事给忘了。"经理口气严厉地说："你少拿订单说事！别以为谈成一单生意就可以违反公司的规章制度，如果公司的业务员都像你这么没规矩，公司早就乱成一团了！出去写份检查，下班之前交给我。"林希童有气无力地说道："知道了，经理。"说完，她表情沮丧地离开了主管办公室。

从那以后，林希童像变了一个人似的，上班的时候没精打采，业绩也一路下滑。

故事中的林希童寻求经理激励时，不仅没听到任何激励之词，没获得肯定和认可的心理需求满足，反而因为没有请假之事而挨了一顿批评，这严重地挫伤了她的积极情绪。可以说，故事中的这位经理有点吹毛求疵，是一个典型的"指责型"中层。他这种中层很少表扬下属的成绩，却对下属的错误念念不忘，这样下去，是很难得到下属的衷心支持的。

著名管理顾问尼尔森曾提出过这样的理论："未来管理学的重要趋势之一，是管理者不再像过去那样扮演权威角色，而是要设法以更有效的方法，激发员工士气，间接引爆员工潜力，创造企业最高效益。"激励的力量是很强大的，受到高度激励的下属会加倍努力地工作，以达到公司制定的目标，创造出色的业绩。

麦肯锡咨询公司曾针对世界 500 强企业的中层管理人员做了一项调查，结果表明，有大约 60% 的人认为自己曾效力的团队，其领导者不够称职；其中，86% 的员工承认，他们离开公司正是出于这一原因，因为在这种不称职领导的带领下，使他们为公司创造利润的能力已经大大降低。但他们也表示，如果受到一定的激励，他们就会做得很出色，并且为公司创造更高的利润。

此次调查的负责人表示："在同一家公司中，不同团队的业绩与其成员的士气有着非常紧密的联系。员工对自己所在团队的满意度越高，他们团队就越有可能成为公司中最为卓越的集体。同样，反过来说，如果员工对自己的团队不满，他们团队在公司中的排名就会一落千丈。也就是说，如果员工士气高涨，其工作效率就越高。"

总之，作为中层管理者，你需要认识到，一个人的潜力是巨大的，只要自己用心去挖掘，下属就能为团队创造出惊人的利益。想成为一个合格的中层管理者，成为企业的中坚力量，就赶紧记住这一条吧！

理性看待下属的错误，对其寄予信任和期望

人生谁能无错，生活中出现差错在所难免。有着自省精神的人在认识到自身错误之后，虽然情绪低沉，感触疲惫，但却还要依然承担一切，耗费精力对自己形成反思，并完成调整过程，最终重拾勇气，再去面对未来发展。

面对一个因错误而失败的下属，很多中层管理者习惯的态度是苛责与批评，苛责对方所造成的损失，批评对方能力与态度的不足，但这样的处理方式，并不有利于一个有着自省性格的下属，并且对于现在独立性越来越强的员工而言，产生负面情绪是难免的。

如果下属陷身于错误之中，身为上司的你给他一个安慰的微笑，也许只要这样一个小小的动作，就可以解除他心里的不安。在下属的情绪有所缓和

之后，再帮助他去一起寻找其中的问题，并寻求改进的方法，这才是最为有效的处理方式。

工作之中，各项事务繁杂，出现错误更是在所难免。对于错误的产生，任何一个管理者都不会乐于见到。于是，有些人因此大发雷霆，对下属横加指责，进行严厉批评。殊不知，这样做非但无法起到应有的作用，还会因此失去一个激励下属士气的宝贵机会。

中层管理者应该以动态眼光看待下属的成长。在下属成长的过程中，错误的出现在所难免。对于错误的出现，管理者理应有所准备。面对错误，在下属认识到自己失误之处的前提下，对其加以勉励，寻求更理想的解决问题的方式，才是一个优秀的中层领导所应该做的。

在用人方面，福特汽车公司的创始人亨利·福特是一个充满智慧的人。

一天早晨，福特正在会议室开会。一个长相凶悍的人突然闯进会议室，从怀里拿出一把折刀，指名道姓要见福特。

面对不速之客，福特暂停了会议，很客气地把他请进办公室，并让秘书给他冲了一杯咖啡。

当时，员工们非常害怕，纷纷猜测福特是不是得罪了什么人，有人甚至想要报警，但都被福特拦住了。

来到办公室，福特让陌生人坐下。气氛缓和一些后，那人开口了："请您给我一份工作，我真想改过自新。您是老板，您说的肯定算。"

福特镇定地问道："您原来在哪里上班，是做什么的？今天为什么会拿着刀子来我这里？"

陌生人顿了顿，继续说道："不瞒您说，我是一个抢劫犯，在监狱里待了很久。虽然知道抢劫不对，但为了养家糊口，我也没有办法。"

福特犹豫了一下，温和地问道："您有没有去过其他公司，或者您想从事什么职业？"

陌生人回答："一听我有前科，大家就把我赶出来。没有人相信我，我就只好一次次地做回原来的自己，然后一次次地进监狱。"

福特沉默了一会儿，说道："如果我今天答应您的请求，您对将来有什么打算？"

陌生人刚要开口，福特打断了他："您不需要保证什么，明天早晨来公司上班吧，让我看看您能做什么。"

陌生人一时无语。短暂的沉默之后，陌生人连声道谢然后离开了。

公司其他人得知福特竟然真的给了这个陌生人一份工作之后都很吃惊。不过最终，这个人真的证明了自己改过自新的决心，通过勤恳的努力回报了福特对他的信任。

对于一些曾经犯过错误的员工，我们不能采取一味否定的态度，那样只会让他随波逐流，自暴自弃，也许适当给予他们一次机会，他们的生活会因此获得转机，自然也就会对你这个大恩人死心塌地，感激涕零。作为一个中层管理者，你最希望得到的，不正是这样的下属吗？

多年前，一人访问了一家非常成功的高科技公司。这家公司的管理在业内非常著名，他们总是给予员工失败和再试验的机会。

当访问者正和该公司经理交流时，突然听到一声长鸣，这个人便问经理："那是什么声音？"

经理镇静地回答："那是我们公司的汽笛。"

这位访问者又问道："你们总是在周四下午拉响汽笛吗?"

公司经理回答他："不是,我们拉响汽笛是为了告诉每个人,我们的试验又失败了一次。但对我们来说,听见汽笛,也就意味着离成功更近了一步。"

作为管理者,中层们要以理性的眼光看待下属所犯的错误。如果他们能够认识到自己的错误,并有改正的决心与诚意的话,那么这就是最好的激励下属的时机。这样的激励机会,可以说是稍纵即逝,作为优秀的中层管理者,我们一定得好好把握这样的机会才行。

那些优秀的中层管理者不仅不惧怕下属的错误,反而还会用敞开的胸怀去迎接它们。因为他们知道失败并不可怕,并且还孕育着成功的机会。俗话说,"失败乃成功之母"。在他们的团队当中,成员们每一次的失败和挫折,所传达的都是与成功更加靠近的好的讯号。在这样的管理和激励之下,成员们的性格会变得自信而坚毅,更会获得超越常人的气魄与勇气。由这样的成员所组成的团队,当然是无往而不利的。

以物质激励为基础，以非物质激励为主体

一提到激励，很多人立刻便联想到了奖金，联想到了 "红包"。很多管理者以为只要千金散去，下属自然会扎根团队，为企业效忠。然而，物质激励虽然的确有助于提高下属的工作积极性，但是在现实中，很多有才能的人，尽管待遇不菲，最终还是离开了公司。其根本原因就是，一些管理者仅仅注重了物质激励，而忽视了非物质激励的重要作用。

在这些管理者看来，就像 "分分分，学生的命根儿" 一样，"钱钱钱，才是员工的命根儿"。于是乎，他们信奉 "重赏之下，必有勇夫"，为了激励下属，留住人才，把加薪和奖金作为撒手锏。但是，我们依然可以看到，很多优秀的人才并没有因为升职加薪而继续留在原单位，而是选择了跳槽。

为什么收入上去了，人却毅然决然地走了呢？

事实上，对于一个人来说，物质上的满足并不是全部，要想赢得下属们的衷心拥戴，作为中层，我们必须要物质精神两手抓才行。这个世界上有一种行为叫作 "士为知己者死"。如果仅仅重视物质上的激励，而让下属感觉自己的工作和努力得不到认同，他们同样会因为精神上的空虚而委靡不振，进而对自己所承担的工作越来越缺乏兴趣。

姜松被总公司派往外地任分公司的销售主管助理，薪水相应地增加了很多。可是，涨了薪水的他工作不但没有热情，甚至还打算年底辞职。

姜松的工作能力和自尊心都很强，他习惯独立思考问题和解决问题，在总公司时就取得过出色的业绩，也正因为如此，他在总公司脱颖而出，被派到分公司协助销售主管工作。然而，到了这个新岗位，领导却当他是销售菜鸟，事事不放心，甚至经常对他的工作横加干预。面对这种不信任和频繁干涉，姜松非常不满，尽管拿着高薪，但他一点也没有工作的心思，满脑子想的都是辞职的事情。

很明显，姜松的领导在管理上出了问题，他没能做好激励下属的工作。职场中，很多管理者都会像姜松的领导一样，觉得激励员工就要实惠一点，除了升职就是加薪，但姜松的事例说明，仅靠物质激励并不一定能赢得下属们的拥戴。

我们不得不承认，每个人都不会对金钱熟视无睹。金钱的确是激励员工的因素，一个稳固的报酬计划对吸引、留住员工会起到一些作用，但是，物质激励并不是唯一有效的激励办法，而且，很多时候，它甚至会起到反作用。原因很简单，金钱所起到的激励作用没有长久性，额外得来的金钱会很快被员工花掉，并快速地被遗忘。这与管理者所希望实现的长期性、永久性激励的目标是背道而驰的。

20世纪30年代，美国哈佛大学的心理病理学教授梅奥率领研究小组，在美国芝加哥郊外的霍桑电器工厂进行了长达8年的系列实验，也就是著名的"霍桑实验"。实验结果表明："工作的物质环境和福利的好坏，与工人的生产效率并没有明显的因果关系，相反，职工的心理因素和社会因素对生产积极性的影响很大。换句话说，工人不是'经济人'，而是'社会人'，要调动其积极性，还必须从社会、心理方面去努力。"

实际上，下属并不总是在为金钱而工作。许多中层都会有这样的经验，一句简单的问候，一个真诚的笑脸，一个拍肩的动作，都会让下属心花怒放，更愿意服从管理。这就是非物质激励的作用。

著名管理学家赫茨伯格曾将激励要素排序，效果从强到弱分别是成就、认可和挑战性。最初，赫茨伯格的研究引发了广泛争议，但是很多管理操作者的经历证实了他的正确性。

老托马斯·沃森刚刚接管 IBM 的前身公司时，就制定了一套严格的管理规范。但他的儿子小托马斯·沃森回忆时，说道："父亲的管理哲学要远比员工们在过去所习惯的具有更多的人性化色彩。父亲特别注意做到不解雇任何人。他告诉员工们他会一如既往地依靠他们，而他的工作将是锻炼他们成长。他懂得赢取员工忠诚的方式是尊重和强化他们的自尊。多年以后，当我加入 IBM，公司便以丰厚的薪酬福利和员工对我父亲极大的忠诚而著称于世。但是回首创业之初，几乎是白手起家，父亲通过他的言语激励员工，从而获得他们的忠心。"

一位有多年管理经验的中层也曾说过："物质激励不是万能的，花钱买不来员工长期的积极性。激励不是交易，更不是博弈，因为金钱激励有刚性，而且存在着边际效用递减。因此，必须实现金钱激励与非金钱激励的均衡。也就是说，以金钱激励为基础，以非金钱激励为主体。"

因此，作为一名拥有广阔发展前景的中层管理者，你一定要掌握多种多样的激励方法，尤其是非物质的精神激励，这能体现出你的领导能力和管理水平，得到下属们的衷心拥戴。

适时赞美下属，点燃下属的激情

作为一个中层管理者，任何人都希望自己手下有一群骁勇善战、积极向上的下属，可是并不是所有中层都能得偿所愿。我们常听到一些中层抱怨自己的下属工作不积极，上班没精神，工作没效率，每天都是一副"当一天和尚撞一天钟"的精神状态。

至于其中的原因，恐怕绝大多数人都会把责任归咎于下属本身，而不去想想自己是否有做得不够的地方。其实，很多时候，下属不能全身心地投入工作，原因恰恰是出在管理者身上。下属有了成绩，他们就直接屏蔽掉，连一个"好"字都不愿意说。日久天长，下属心中熊熊燃烧的小火苗就被这种冷漠毫不留情地扑灭了。

事实上，生活中的每一个人，无不希望得到他人的赞美。一个笑容可掬、善于发掘别人优点给予赞美的中层，一定更容易受到下属的尊敬和喜爱。赞美会激发下属心中的自豪感，从中了解自己的优点和长处，认识自身的生存价值，同时也为团队作出更大的贡献。

明清时期，有一个喜欢美食的官员，他家中有一个手艺很棒的厨子。厨子的拿手好菜是烤鸭，深受大家的喜爱，尤其是官员，三天不吃就馋得慌。但是，这个官员惜字如金，从来没有当面夸奖过这个厨子。厨子觉得很没有成就感，心情非常抑郁。

一天，官员的几位好朋友远道而来，他心情大好，就在家设宴招待他们。宴会上的压轴菜就是官员最喜欢吃的烤鸭。烤鸭上来之后，官员赶紧拿起筷子，给朋友夹了一只鸭腿。当他再次将筷子伸向盘中，想给另一位朋友夹鸭腿时，却怎么也找不到那只鸭腿。他让下人将厨子找来，然后不悦地问道："这鸭子怎么只有一只腿，另一只腿哪里去了？"厨子不慌不忙地答道："启禀大人，我们府里养的鸭子都只有一只腿！"官员觉得非常诧异，但碍于众多朋友在场，就没有再深究。

朋友走后，官员便跟着厨子到鸭圈去一探究竟。当时已经是夜晚，鸭子都在睡觉，都只露出一只腿。厨子指着鸭子说："大人您看，我们府里的鸭子不全都是只有一只腿吗？"官员听后，极为生气，他用力地拍掌，吵醒了鸭子，被惊醒后的鸭子全都站了起来。

官员冲着厨子喊道："你自己看看，这里的鸭子不全是两只腿吗？"厨子也大声地回应："大人英明啊！原来，只有鼓掌拍手，才会有两只腿呀！"官员当即明白了厨子的用意，从那以后，他不再吝惜自己的赞美之词，总是不时地夸赞厨子做的菜别有一番味道。厨子心花怒放，不断研究新的菜式，厨艺越来越高。

这个故事虽然可看作一段笑谈，但从中不难领会出，下属是多么需要、多么渴望得到上级的夸赞。这对他们来说，是肯定，是荣耀，远比物质奖励更能令他们感到满足。

其实，让下属永无休止地施展才华的最佳方法，就是上司恰到好处的夸奖。但遗憾的是，很多 "指责型" 中层如故事中的官员一样，碰到不顺心的事，就把下属批评得一塌糊涂；碰到应该夸奖的事，却又沉默不语，吝于赞美。这对下属的成长和团队的发展有百害而无一利。

　　欧小姐大学毕业后，应聘到一家中外合资的医药企业做业务员。工作的前几个月，她的销售业绩少得可怜，部门经理经常在员工大会上点名批评她。所谓"知耻而后勇"，欧小姐不断地钻研业务技巧，经常向老员工请教，经过不断地努力，她对业务的熟练度逐渐增加，与客户的沟通也越来越顺畅，销售业绩呈现出上升趋势。到了年底，她通过与同事们的接触，估计如果不出意外，自己应该就是年度销售冠军。但是，让欧小姐失望的是，部门经理定下了一个政策：不公布每个人的销售业绩，也不鼓励相互比较。为此，欧小姐心里很失落。

　　新年伊始，欧小姐就开始奋力工作，功夫不负有心人，欧小姐的业绩十分出色，她提前两个月完成了全年的销售任务，但是，部门经理对此没有任何反应。

　　虽说在工作上一帆风顺，但欧小姐总是觉得自己干得不顺心。她觉得部门经理的政策很不合理，他从来只是批评做得不好的人，却从不告诉大家谁干得出色，一点也不关注销售人员的业绩水平。

　　一次和大学同学聚会时，欧小姐听说另外两位同学所在的很有实力的医药企业都在进行销售比赛和奖励活动。那两家公司的内部还有业绩榜单、公司内刊，专门对销售人员的业绩做出评价，让公司的每个人都知道销售人员的业绩，并且开大会表彰每个季度和全年的优秀业务员。不比不知道，越比越失望，一想到自己领导的做法，欧小姐的气就不打一处来。

　　忍无可忍之下，欧小姐主动找到部门经理，跟他说了那两家公司的做法，希望他也可以采取同样的策略。但是，部门经理将脸一沉，说："每个公司的企业理念不同，我们部门实行这种政策已经好几年了，这也是咱们公司独特的文化特色，我们不能随大流，别人怎么做我们就跟风。"

欧小姐由失望变成绝望，她立刻写了一封辞职信，辞职的理由很简单："经理，我对公司的贡献没有被给予充分的重视，没有得到相应的回报，我没有工作动力了。"

可见，故事中这位部门经理不懂得使用有效的激励方法，没有给予欧小姐应有的赞美，这让欧小姐的心里极度失落，缺乏满足感，她只好甩袖走人，该经理也失去了一名优秀的销售人才。

一位著名的畅销书作家曾在他的著作中提出这样的理论："员工最希望得到什么奖励？有人认为是金钱。其实不然。如果你将金钱和领导的赞赏同时列举出来，并告诉他只能选其中一项，那么大多数人都会选择赞赏。"对于这一说法，著名心理学家威廉·吉姆斯也表示同意。他说，员工渴望得到赞赏，没有人会从内心里认为自己受到的赞赏太多。

有一位资深职场人士曾经说过这样一段话："我对赞美有瘾。虽然我的条件既非富有吸引力，也不够成熟，更谈不上多产，但我依然渴望赞美。假如得不到赞美，我会一蹶不振；假如得到赞美，我会捧到灯光下细细考量，如果觉得'质量合格'，就会感受到短暂的'赞美快感'。但之后，我还会想要得到更多的赞美。"

总之，一个聪明的中层管理者，不仅需要一定的工作技能和领导能力，还需要掌握激励下属的技巧。在恰当的时候，为下属量身定做一顶"高帽"，这样就会令他们欢喜，而自己也会更加有效地接近自己的意愿，更有激情地投入到工作当中。

真诚的赞美，无坚不摧

如果你问一百个人，他是喜欢真诚还是喜欢虚假，那么就会有一百个人回答喜欢真诚。如果将真诚比喻成喜鹊，人见人爱，那么，虚伪就是乌鸦，人见人烦。只有真诚的东西，才会被我们欣然接受，即便是人人爱听的赞美之言也不例外。

作为一个中层管理者，你必须明白，只有真诚的激励，才能唤起下属的信任感和归属感，让其身心愉悦地接受表扬，并在工作中更加积极地发挥自己的才华。反之，如果你的激励毫无诚意，只是为了达成某种目的功利性行为，甚至听起来像是在"忽悠"的话，下属们反而会觉得你很虚伪，不值得尊重。

邱凯在一个器械公司担任后勤部主任一职。最近，由于公司人员调动，有好几个经理的职位暂时处于空缺状态。公司高层领导决定通过员工投票的方式，在公司内部选拔经理。闻听这一风声，邱凯有点坐不住了，他以往和下属的关系不冷不热，这回想赢得民心看来不是那么容易。邱凯日思夜想，终于想出来一个主意，他决定用和下属套近乎的方式，来为自己拉拉选票。

可是具体怎么做，邱凯尚不清楚，于是他就开始运用万能的"网络搜索"。在网上，邱凯看到一个说法："要建立好的人际关系，首先要学会赞美别人。"于是，他照葫芦画瓢，每天都去赞美下属，但是并没有收到什么好的效果，下属反而对他的态度更加冷淡了。邱凯非常生气："现在的员工太不知好歹了，我堂堂一个后勤部主任屈尊去赞美他们，他们居然还摆架子，我真是热脸贴冷屁股。"真的是下属不知好歹吗？其实不然，是邱凯的赞美太不真诚。

一天早上，下属何鸿刚进办公室，邱凯的脸上就堆满笑容，说道："哎呀，何鸿，你这裙子真不错，是今年的新款啊，我昨天刚在一本杂志上看见，好多电影明星都穿呢，你穿上之后，也很有明星气质。"谁知听了他的话，何鸿毫无欣喜之情，她淡淡地说了一句："是吗，邱主任，你看的是两年前的杂志吧。"

原来，何鸿的裙子是两年前买的，根本不是流行款式。邱凯从来不看时尚杂志，他是为了讨好何鸿，才编出一套赞美之词，没想到何鸿丝毫没给自己面子，而是揭穿了自己，只好悻悻地回到了自己的办公室。

很显然，这位后勤部邱主任毫无诚意的赞美，换来的结果却是"偷鸡不成蚀把米"，不但没有拉近自己和下属的关系，反而招致了下属的厌恶。

身为中层，你要知道，真诚是赞美的基石，有了它，赞美的大厦就会无坚不摧，赞美的力量也会如虎添翼，更加强大。"忽悠"顶多是表面功夫，而绝非是说着发自内心的话。如果一个中层管理者常对下属说一些口是心非的溢美之词，下属就会对他心存芥蒂。即使有一天他诚恳地赞美下属时，下属也很难相信他。中层们需要把握好这一点，始终用真诚的话语来表达自己的赞美之情。

余艳丽是个腼腆自卑的女孩，毕业后，她进入一家杂志社工作。面对着众多文采出众、出口成章的资深同事，她越发自卑。她在公司的大部分时间都是一个人待在电脑前敲字，几乎不与别人交谈。直到有一天，主编给大家布置了一个任务：给当下一部很火的电影写一篇影评。

两年过去了，现在已经成为了情感版主笔的余艳丽已经无法回忆她写的那篇影评有什么独到之处，或者主编给的评分究竟是多少，但她清楚地记得，而且永生难忘的是，主编拿着她的稿子，满脸真诚地对她说："写得非常棒。"

就是这句真诚的赞美，改变了余艳丽的人生，她说："在听到这句话之前，我对未来非常迷茫，我不知道自己选择以文字为生的工作是否正确，不知道自己可以在这行取得什么成绩，也不知道自己可以坚持多久。但是，听了她的真诚赞美之后，我开始夜以继日地写文章，还不时地写一些小说，这是我一直梦想的，但从来不相信自己能做的事。"

在那段时间里，余艳丽写了许多文章和情感小说，她经常把它们带给主编评阅。在主编不断地赞美和鼓励下，余艳丽的信心增加了，文笔提高了，她进入了一种全新的工作状态。几个月后，在主编的推荐下，余艳丽成了情感版的主笔，她细腻的文风受到了很多读者的喜欢，杂志销量节节高升。在杂志社成立 10 周年的庆祝晚会上，她给主编深深地鞠了一躬，并告诉她："主编，我永远忘不了您对我说'写得非常棒'时的真诚表情，是您给予我信心，坚定了我以文字为生的信念。谢谢您，您改变了我的人生轨迹！"

美国著名作家鲍勃·纳尔逊说过："在恰当的时间，从恰当的人口中道出一声真诚的谢意，对员工而言，比加薪、正式奖励或众多的资格证书及勋章更有意义。这样的奖赏之所以有力，部分是因为经理人在第一时间注意到相关员工取得了成就，并及时地亲自表示嘉奖。"

对于下属自身存在的优点和取得的成绩，作为中层管理者，我们理应发自内心地感到高兴，并满怀真诚地说出那些激励的话。这种充满诚意的赞扬，会让下属受到感染，可以激发他们更大的工作热情与干劲。

不要抓大放小，勿以善小而不赞

一家调查机构所做的一项关于管理者的调查问卷，曾一度引起了那些有管理经验的网友们的积极参与。问卷里面有这样几个问题："你了解你手下的每一个员工吗？""你知道他们具备哪些优点和劣势吗？""你有没有注意到下属的一些细微变化呢？""下属捡起了地上的一团纸，整理了一下被风吹乱的文件时，你是无视还是重视？"结果显示，对于前 3 个问题，67%的管理者选择的是 "否" 这个选项；对于第 4 个问题，78%的管理者的答案是前者——无视。

由这个调查结果不难看出，在对于下属的赞美方面，很多管理者存在误区。事实上，有不少中层管理者都非常善于用那些华丽的赞美之词来激励自己的下属，但是，他们中的大多数人都不愿从小事上去激励下属。他们认为，只有下属做出了 "惊天动地" 的大事时，才有用赞词去表扬和激励的必要。

这些中层之所以认为小事没有赞扬的必要，通常有两种原因。一种是因为管理者与下属的职位不同、职责不同，工作任务也就不同，这就会让这些中层管理者萌生一种想法：下属所做的事，所取得的成绩都是职责所在，是应当应分的，根本没有赞美的必要。在这种想法的驱动下，这些中层管理者便也就理所应当地忽视了下属们所取得的微小成绩。另一种原因是，有的管理者心高气傲，野心勃勃，总觉得自己可以成就一番大事业，所以，他们对下属取得的小进步不屑一顾，觉得那些事非常容易做到，根本没有技术含量。

其实，如果单纯就小事而言，它的确没有非常重要的意义。但如果用辩证法去研究分析，管理者就会发现，一件小事会引发大事，几件小事累积在一起，就可能产生让人始料不及的结果。

郭鹏是个自视甚高的管理者，他总觉得，凭着自己的能力，应该有更好的发展，而不是窝在一个小公司中当管理者。他每天自怨自艾，对下属也极其冷漠。他非常看不惯一些下属刚取得点小成绩就欢呼雀跃的样子。每每这时，他都会上前泼一盆冷水："看你那点出息，有点小成绩就骄傲成这个样子，真是朽木不可雕也！"对于郭鹏的恶劣态度，下属们敢怒不敢言。

但是，一件事情的发生改变了郭鹏。那天，郭鹏的助理打扫卫生时，发现办公室中的电脑线路很多，很容易因为电线短路而引起火灾，但办公室却没有配备灭火器。他赶紧将这个情况告诉了郭鹏，郭鹏在办公室转了一圈之后，也认为配个灭火器是很有必要的。助理笑着说道："郭总，我这发现还算及时吧？"郭鹏语气冰冷地说道："你是我的助理，你的职责就是协助我管好办公室的大小事务。及时发现办公室的安全漏洞也是你的工作范围之一，所以，你没有必要因为这件事而得意扬扬的。"助理听后，沮丧地离开办公室。

几天后，因为要赶一个加急的软件设计程序，郭鹏留在办公室加班。晚上，突然风雨大作。一个响雷过后，郭鹏的电脑死机了，他刚想开口大骂，就闻到一股焦味。他出去一看，原来，办公室的电线因短路已经起火了。郭鹏赶紧拿起灭火器，及时将火扑灭。

事后，郭鹏一下想起细心的助理。如果他没有发现办公室没有灭火器，那么整个办公室的电脑可能就完了，自己也可能身陷火海。

第二天，郭鹏召集大家开会，会上，他破天荒地赞美了助理，并代表公司向他致谢。从那以后，他变成了一个细心和蔼的主管，但凡看见下属做得不错，哪怕只是顺手扶起地上的扫把，他也会对其进行表扬。一时间，办公室的氛围变得很融洽。

我们都知道这句话："勿以恶小而为之，勿以善小而不为。"管理者赞美下属时也要如此：勿以善小而不赞。如果管理者忽视小事，将关注点都放在寻找大事件上，那么，团队就可能形成一种不和谐的风气：只做大事，屏蔽小事。

管理者经常细心留意下属做出的小成绩、取得的小进步，并及时赞扬和激励，不仅可以鼓励员工积极工作，而且，管理者可能从中发现隐藏的人才。法国 "银行大王" 恰科就是因为有一个细心的领导，才能最终得到赏识，从而走上成功之路的。

恰科在年轻的时候，曾就职于一家银行，虽然他做的都是一些琐碎的、辛苦的工作，但他并不在意，而是非常努力地工作着。恰科这种认真负责的工作精神被公司董事长发现了，从那以后，他的人生开始逆转。

一天，恰科刚刚完成一天的工作，准备离开办公室时，突然看见门前的地面上有一根大头钉。恰科觉得将它放在这里可能会伤到人，就弯下腰将它捡了起来，扔进了垃圾桶。

这个小小的动作被董事长收在眼底。他马上认定，这个细心谨慎、做事考虑周全的人，非常适合在银行工作。第二天，董事长就召开大会，给恰科转了工作岗位，并在众人面前大大地赞扬了他，让大家都学习他的敬业精神。恰科受到如此礼遇，工作更加努力了。最后，他凭借自己的奋斗，成为了这家银行的董事长。

古语有言："千里之堤，溃于蚁穴。"一片面包都可以拯救寒风中的饥饿者，可见小事不可小觑。一个受下属爱戴的中层，要善于扫清工作中遮住了自己视线的重重障碍，在小事中发现值得赞美的闪光点，让下属每天都富有激情地工作。

著名的企业顾问史密斯曾指出："每名员工再小的好表现，若能得到认可，都能产生激励的作用。拍拍员工的肩膀、写张简短的感谢纸条，这类非正式的小小表彰，比公司一年一度召开盛大的模范员工表扬大会，效果可能更好。"作为一个中层管理者，如果你可以细心地在那些不容易被注意到的小事上面给予下属恰当的激励，这不仅会给下属出乎意料的惊喜，而且可以塑造关心、体贴下属的好形象。

过犹不及，把握好激励的度

古人告诉我们凡事过犹不及，管理者们赞扬下属也是如此，要恰到好处，不要用词过度。或许不少中层管理者深谙赞扬能够激励下属之道，于是大肆向下属发放心中的赞美之词。不可否认，他们的确口若悬河，文采斐然，但是，过犹不及的训诫会让他们知道，激励并不是越多越好。

仔细观察一下，我们发现，这种对下属夸赞起来滔滔不绝的管理者，一般有两种表现：一种是不以下属的行为标准和工作成绩为准绳进行表扬，而是将赞美当成一种惯性，就像与人见面时所说的"早上好""吃了没"一样，会脱口而出；另一种则是根据自己的个人喜好进行表扬和激励。

某公司后勤部的员工极其不愿意参加会议，因为无论会议的主题是什么，最后都会变成个人表彰会。每次，后勤部主任都会用这样的结束语："最后，我要表扬一个员工，她工作努力，认真负责，我非常欣赏她。她就是高丽杰，大家要以她为榜样……"

高丽杰自己都记不清已经得到过领导多少次的表扬了，最初，她对此感到很兴奋，但次数一多，她就觉得领导的表扬就像一剂慢性毒药，让她浑身上下散发一种毒气，同事都不愿意接近她，还经常在背后议论纷纷。

一次，高丽杰偶然听到同事菲菲对李芬说："也不知道高丽杰给领导灌了什么迷魂汤，让领导天天张口'高丽杰好'，闭口'高丽杰棒'。我知道她的工作做得很出色，但也不见得所有方面都比咱们强吧。即使她样样都比咱们优秀，领导也不至于次次开会都这么大张旗鼓地表扬她吧。你说，她和头儿的关系是不是不正常啊？"

这样的说法让高丽杰极为震惊，而且，更让她意想不到的是，同事都以一种很奇怪的眼神去看她，对她也若即若离。她觉得自己在办公室中就像是一个只被领导一个人认可的怪人，她与同事之间的沟壑越来越深了，工作也没有精神。

经过深思熟虑后，高丽杰决定去找领导谈谈，她对总表扬自己的主任说："我希望您能减少对我的表扬次数，也多表扬一下其他同事。"主任很不解，询问原因。她哭丧着脸说道："现在同事们对我不理不睬的，还说一些不着边际的话，我都没有心思工作了。"主任想了想，答应了她的要求。

任何一个团队里，如果让员工们听到的，总是极个别的一个或者几个人受到领导的夸赞，那么，他们就会产生挫败感，觉得自己的工作得不到认可，进而怀疑自己的能力，此外，他们还会对获得表扬的同事产生妒意，以至于影响到团队的和谐稳定。

因此，身为中层管理者，不要反复去赞美那些早就被大家认可的下属。实施赞美激励时，管理者应该本着顾全大局的原则，不管是新人还是元老，不管是表现平庸者还是工作出色者，只要他们有值得赞美的地方，就要毫不吝啬地去赞美他们，让所有人都沐浴在赞美的阳光中，团队才会朝气蓬勃。

尹丹在一家食品制造公司工作，任营销主管一职，她手下的兵以男性为主。尹丹有一个习惯，每次与下属交谈或向下属交代工作时，她都会习惯性地说一句"干得不错"。比如，她问自己的助理："今天的员工大会定在哪个会议室开？"助理答道："一号会议室。"尹丹听后，就会说道："知道了，你干得不错！"她这样习惯性地多加一句"干得不错"，常常让下属一头雾水："主管为什么要表扬我呢？"

一次，一个男下属没有按照尹丹的标准制定营销策划，尹丹看过之后，又习惯性地说了一句："干得不错，辛苦你了。"然后话锋一转，"但是，这个数据有点问题，还有这个……"男下属被尹丹的话搞得云里雾里的，不知道尹丹对这份计划书到底持什么态度。他问道："尹主管，您觉得这份计划书怎么样？"尹丹说道："不错，你做得很好，只是有几个地方需要修改，不然会影响整个计划的实施效果。"男下属有点气恼："您说话怎么拐弯抹角的，如果您觉得不好，就直接指出来嘛，为什么要用这种方式嘲笑我的工作能力？"说完，他离开了办公室。尹丹满心疑惑："我明明是想要激励他，他怎么会这么理解呢？"

故事中的尹丹所犯的错误就是过度激励，她将赞美当成了一句口头禅，无论下属做什么，她都脱口而出"干得不错"，这不仅让下属心中毫无喜悦，反而加重了下属心中的疑惑。如果尹丹不限制自己的赞词，久而久之，她的部门就可能因为赞美而人心涣散，士气低迷。

凡事过犹不及，激励也是如此。好听的话并不是说得越多越好。管理者要把握分寸，点到为止的表扬和称赞才会让下属像上了发条的钟一样，铆足劲儿去工作。同时，适可而止的赞美不会让下属飘飘然，他们可以对自己的能力有一个清醒的认识，做事更加稳重。懂得了这一点，你就是一个合格的"激励型"中层了。

不要只是赞美，批评也是一种激励

如果把赞美看作领导给下属送来的一缕阳光，那么批评就是一面心灵反光镜，能让下属更加客观而真实地认识自己。中层管理者适当地赞美下属，会让下属如沐春风，动力十足，而不失分寸的批评则如三月小雨，润物细无声，可以让下属敞开心扉，发挥潜在的能量。

在管理学中，有一个"正负激励"理论："正激励就是当一个人的行为符合组织的需要时，通过奖赏的方式来鼓励这种行为，以达到持续和发扬这种行为的目的。负激励就是当一个人的行为不符合组织的需要时，通过制裁的方式来抑制这种行为，以达到减少或消除这种行为的目的。"

我们平常所采用的激励方式，基本上都是正激励。但有些时候，负激励的效力反而要大过正激励。在我们的潜意识当中，批评是一种负面的压制性的行为，但从实际应用的效果来看，批评可以帮助下属了解和正视自身存在的缺点和不足，并及时寻求方法改正，并最终取得进步。

拿破仑在一次打猎过程中，忽然听到有人在喊"救命"。他四下看了一下，发现一个男孩落水了。只见男孩一边拼命挣扎，一边高声求助。拿破仑看了看那条河，发现河面并不宽。他没有跳下水去救男孩，而是端起猎枪，对准那个男孩，大声地喊道："如果你不自己爬上岸来，我就一枪打死你！"没想到，那个男孩见拿破仑丝毫没有伸出援手的意思，反而要让自己的处境更加危险，就使尽全身力气，奋力自救，最终游上了岸，救了自己。

这显然是负激励的效果。试想，如果拿破仑下水去救男孩，那么男孩将永远不知道，他其实是可以靠自己爬上岸来的，一旦下次再遇到类似情况又无人施救的话，那他就只有溺水而亡了。

莎士比亚曾说："庄严的大海能产生蛟龙和鲸鱼，清浅的小河里只有一些供鼎俎的美味鱼虾。"管理者要想让下属成为"蛟龙"，就要像拿破仑用枪声搭救落水人一样，适当地运用负激励，给予他们批评，让他们感觉到压力的存在，从而产生更大的动力。

批评是很有效的逆向激励手段，如果管理者羞于批评，下属就不会明白自身存在什么缺点，更谈不上改正缺点了。但是，中层管理者们运用这种激励方式时，也要讲究技巧。运用得当，批评可以改变下属，将其引到成功的路上。运用不当，则可能让下属从此委靡不振，找不到奋斗的方向和动力。

比如，简单粗暴的批评非但不能实现激励的最终目的，反而会弄巧成拙，激起下属的逆反心理。相反，用委婉的方式批评下属，就比较容易让下属改掉缺点，可以收到事半功倍的激励效果。

对管理学有所了解的朋友，大多都知道这样一条重要的法则："对一个人的表扬，尽量用公文，而对一个人的批评最好用电话。"表扬是对下属的肯定，也是对一种好的工作态度的弘扬，用公开的方式，可以起到很好的公示作用，让其他员工进行学习。批评是另一种意义上的激励，它可以让下属对自己身上出现的问题有深入的认识，但不适宜在大庭广众之下使用。中层管理者要注意尽可能在私下批评下属，这样，在解决问题的同时，可以最大限度地维护下属的自尊心。这样一来，批评这种逆向的激励行为也就取得了最好的效果。

作为一个中层管理者，如果你只懂得赞扬不懂得批评，那么下属便容易认为你好欺负，进而对你产生轻视之心。而如果你可以将赞扬和批评这两种截然相反的激励手段运用自如，那么下属就会觉得你明察秋毫，进而从心底里钦佩你，对你的话更加重视，不敢做出任何一点轻侮你的举动。如果一个中层赢得了下属这样的支持，他离成为企业的中坚力量还会远吗？

激励下属参与决策，获得认同感

作为一个中层管理者，如果你使用了所有物质与精神的激励方式，但仍然对下属的工作状态不满意，下一步，你打算怎么做？这个时候，你不妨考虑一下，让你的下属适当参与到你的管理工作中来，这种方法往往可以产生意想不到的效果，达到激励士气的目的。

参与决策，可以很大程度上调动起下属们的主人翁意识，让他们感受到自己不仅是团队的一分子，更是团队的主人。这种主人翁意识会让下属们产生极其强烈的认同感，从而最大限度地调动起工作的积极性。

在芝加哥的郊外，有一家国际收割机制造公司，27 岁的杰斯是这家公司的一个部门的新任主管。

作为主管，杰斯需要面对 3 个年龄比他大一倍、工作状态非常消极的领班。正如其他年轻领导所遭遇的情形一样，杰斯心里明白，不能依靠强制行使自己的权力，否则只会增加他们的反感和抵制。

最终，杰斯想出了自己的办法。每天他都会召集这 3 个领班，把头一天工作成绩告诉他们，让他们了解自己部门生产了多少部件，又有多少次品。同时，杰斯还要让这 3 个领班根据实际情况，对所在部门生产情况进行打分，并进行横向比较。

通过和杰斯接触，这些领班开始认识自己工作的重要，通过与其他部门比较，这 3 位领班获得了巨大的工作动力。他们开始互相鼓励，工厂的生产率也开始逐步提升。

当第一次打破部门历史生产纪录时，杰斯召集领班，买了些咖啡，一起聊天，庆祝一下他们取得的成绩。

第二次创造生产纪录时，杰斯又买了甜点来慰劳他们。

第三次打破生产纪录时，杰斯把这 3 位领班请到了自己家中，让妻子给他们做了可口的比萨饼，还在一起玩了扑克牌。

上任 3 个月以后，杰斯所在的部门就成了全厂生产率最高的部门，杰斯本人也获得了提升。

作为一个年轻的中层管理者，面对比他年龄大，但工作状态非常消极的领班，杰斯巧妙地使用争取下属参与决策的方式，就解决了所遇到的难题。他只是让这些领班看到自己工作的效果，让他们知道工作的目标，就可以让他们产生无限的工作动力。杰斯并没有做什么，只是让下属知道自己该做的事情，就完成了自己所应履行的职责。

事实上，当下属能够参与决策的时候，他们会感觉这是对他们的信任与尊重，他们会施展自己全部力量，去圆满完成自己所承担的任务。一个聪明的"激励型"中层，懂得如何以最少的精力，去赢取最好的激励效果。

松下公司曾经实施过透明化的管理办法，对员工们的工作热情起到了很好的激励效果。

在公司成立初期，松下幸之助就对公司的七八名员工说自己每个月都会将公司结算、盈亏情况进行公布。

刚开始，员工都半信半疑，因为当时没有管理者这么做，何况大多数老板甚至连自己都不清楚公司到底做了多少生意。对于松下幸之助的这种说法，大多员工都觉得，老板不过是摆摆谱，做做样子罢了。

可是在不久之后，员工们就发现事实并非想象的那样。松下实施透明化管理的决心是坚定的，从那之后，公司每月的财务信息都会及时向员工公布。

松下公开财务盈亏的做法，让员工们非常兴奋，因为他们每个月都能看到通过团体的努力所获取的成果，进而人们产生一种共识：下个月一定要加倍努力，取得更好的成果。

当松下电器业务扩大设立分厂时，毅然延续了这种激励政策。分厂负责人每月向松下报告盈亏时，也会同时向员工公开。

后来，松下的这种做法被命名为 "透明式经营法"，成为管理学中的一个经典案例。松下幸之助认为对于员工的坦白，就是对他们最好的激励。通过这一做法，员工们也很少对公司提出无理或过分的要求，劳资双方之间通过这一方式架起了信任的桥梁，关系也更加和谐了。

作为中层，我们不要总想着如何控制下属，以便逼着下属更加努力更加用心地投入到工作当中。在当今社会，一个团队要想取得良好的业绩，走向成功，就需要管理者采取更多的激励手段来换取下属们的认同感。做管理，一定要跟上时代，勇敢放弃自己手中的一些权威与利益，换回的却是下属们充满激情的工作状态。

每个人都在寻求自我价值的实现，参与到管理当中来无疑是下属们证明个人价值的最好方式与机会。当他们能够了解到团队的运行状况，以及团队在公司高层心中的地位的时候，当他们的利益与团队的前途紧密联系在一起的时候，当他们的意见被你这个管理者所采纳的时候，下属对于自己的工作就会有更多认可，对于团队产生更多的认同感，对工作自然也就会产生更多激情。

培养下属的荣誉感，振奋士气

俗话说，"人活一张脸，树活一张皮"，人具有社会性，在彼此交往之中，会非常注意他人与社会对自己的评价。他会为一份荣誉感感到满足，他也会花费很多时间和精力去追逐荣誉感的获得。一个精明的老板为什么不好好"利用"这份荣誉感，以荣誉感作为激励下属拥有无限工作激情的最强动力。

物质是生活的基础，但我们也不能忽视精神的作用。马斯洛的需求层理论指出，当人们的基本物质需求被满足之后，必然会向更高层面的精神需求转移。我们管理下属，在注重物质激励的同时，也不能忽视精神激励的作用。培养下属的荣誉感，不仅可以让他们更忠实于你这个上司，忠诚于自己的团队，还会因为同事之间所产生的良性竞争，而改善整个团队的运行状况。一个精明的"激励型"中层是不会放过这样一个效果理想，而又成本低廉的激励方式的。

曾国藩初练湘军，取得首战胜利，从太平天国军手中夺回了岳州、武昌和汉阳。为此，曾国藩上书朝廷，为自己属下邀功请赏，朝廷对此也予以恩准。但是，曾国藩认为这是不够的，他为此又想出其他一些鼓励将士的办法。

一天，曾国藩召集湘军所有军官在土坪听令。

军官到齐后，曾国藩说："诸位将士辛苦，在讨伐叛贼的战斗中英勇奋战，屡战屡胜，今天我要以个人名义来为有功将士授奖。"

大家都在暗自思忖的时候，曾国藩命令："抬上来。"

两个士兵抬着一个木箱走了上来，几百双眼睛盯了过来，把木箱打开，里面装的是一把把精美的腰刀。

曾国藩抽出了其中一把，刀刃锋利，在腰身正中，镌刻着"殄灭丑类、尽忠王事"八个字，旁边有一行小楷"涤生曾国藩赠"。

曾国藩说："今天我要为有功将士赠刀。"

顿时，广场上一片沸腾，有人欣喜，有人赞叹，也有人忌妒。

不过，所有人心中都会下定决心，在以后战争中，一定要冲锋陷阵，奋勇作战，争取自己也能得到这样一把腰刀。

曾国藩向来以厚饷养兵闻名，但他在注重物质激励的同时，却也能善用精神激励，通过培养官兵的荣誉感，达到振奋士气的目的。

物质的激励是没有差异的，顶多也就是数量上有所区别，再多的给予也不会产生出好的效果。这个时候，一把别致腰刀的出现，一下就打破了将士之间的平衡。所有人都会谈论这把腰刀，所有人都会关注自己是否拥有。获得的人会拥有无上的荣誉感，没有得到的人，会因为不能获得这份荣誉感而感到惋惜。最终的结果是，曾国藩就这样训练出了一支勇猛无敌的军队。

也许有人会说，现在时代已经发生改变，人们变得更现实。但作为一个考虑全面的中层，一定要认识到培养下属荣誉感的重要性。首先，下属的荣誉感有其的独特性，这是物质激励所不能代替的；其次，现代社会物质产品非常丰富，人们也会更多注重精神的享受，这就为管理者使用精神激励提供出广阔的空间。作为一个优秀的中层管理者，我们一定要善用好物质与精神的激励方式，争取获得最好的效果。

信治郎是日本桑得利公司的董事长，他是一个非常善于激励员工的老板。

他经常会在一些场合把非常贵重的物品奖赏给员工。最特别的是，他发奖金的方式很特别，总能让员工感到惊喜。

信治郎会把员工一个个叫到董事长办公室，在员工答礼准备退出时，他会突然叫道："稍等一下，这是给你母亲的礼物。"

员工再次退出时，信治郎又会说："这是送给你太太的礼物。"

员工这时心想，这次应该没有什么了，正要离开时，却又听到信治郎大喊："我忘了，还有一份礼物是送给孩子的。"

信治郎对于员工的鼓励还不仅仅在发奖励的方式上。

一次，总务处一名员工不小心寄出了一个写错价格和数量的商品，信治郎知道后，马上命令取回。员工前往船场邮局，费了很多口舌，花费不少精力，才把邮件放在董事长面前。

看到邮件，信治郎露出欣喜的微笑，他没有批评那个员工，只是真诚地说了句："你辛苦了！"

也许有人会认为，信治郎的做法有些虚情假意，但他这样做的目的只有一个，就是培养下属的荣誉感。虽然只是普通的礼物，但是在特殊的场合，以如此别致的方式发放到下属手中，相信在任何人的记忆中都会留下深刻印象。能够得到来自老板的这份体贴与关心，相信任何下属都会受到莫大的鼓舞，工作的时候也就会更加努力。

现实中的中层管理者在考虑如何激励下属的时候，不要仅仅考虑如何给下属多发奖金，更要花一些心思，想想看能用什么特殊的方式，寻找一些特殊的物品，让下属能够从中感到荣耀。任何人从事工作，都不是为了仅仅简单获取物质回报。当他们在工作当中，通过参加活动，与老板进行接触，能够更多地感受工作是一件充满荣誉的事情时，他对待工作必然会更加忠诚，他对待工作的态度也就必然会更加专注和投入。

道德意识一直是中国传统文化的重要内容。即使今天社会已发生巨大转变，但它对人们依然有着很强的影响作用。道德的本质其实就是他人与社会对自己的评判。作为中层管理者，我们一定要认识到自身所处的这一文化背景，并要发挥好荣誉感在下属工作过程中的作用。当下属获取进步的时候，我们要进行适时的鼓励；下属对团队的发展作出了贡献，我们也要表示感谢。当下属意识到工作是一件能够带来荣誉的事情时，他们必然愿意为工作付出更多的努力。

实行有效的激励机制，赏罚分明

现实中，很多中层管理者总是一切决策都是自己说了算。他们会将所有下属的工作状态看在眼里，并且根据自己的判断，来决定使用什么样的激励方式。不过，因为只是凭借个人判断，认识难免会有片面，最终就会使激励失去应有的公平，并且这样的管理方式，对于团队的未来发展也会形成阻碍。

既然个人的决断存在局限，那不如将激励机制转变成为固定的制度，在团队内部制定明确的奖励和惩罚的标准，并且使这些制度具有权威性。每个人在制度面前都要衡量自己的行为，每个人都必须遵守这样的制度，这样才能确保以最公平和公正的激励，产生出最好的效果。

在激励制度的制定过程中，一定要有充分而全面的考虑，才能使激励制度最为合理。如果因为经验不足使激励制度存在漏洞，那最终可能就会使奖励给予那些不应获得奖励的人，不会激发出员工的工作热情，还会挫伤一些人的工作积极性。以下提出几点激励制度应该考虑的因素，以供参考。

第一，工作能力。

工作能力是一个综合性的指标，它可以包括如筹划能力、判断能力、分析问题的能力、操作能力、理解能力、反应能力等。中层管理者要切记在不同岗位、不同层次、不同部门对员工能力的要求都是不同的。要根据实际情况，进行不同标准划分，千万不能以相同标准去衡量所有员工。在工作能力的衡量中，同时还要注意一个人潜在能力的发掘，这样才能为公司长远发展打下坚实基础。

第二，工作态度。

工作态度可以对工作效率产生很大影响，也是考核员工的一项重要内容，包括纪律性、积极性、责任心、协调性等。通过制度时时提醒员工必须保持积极的状态。

第三，工作成绩。

工作成绩是员工工作能力和工作态度以及其他个性特征综合作用所产生的结果。它通过工作的质量和数量两个方面来体现，不能单纯以工作数据论成绩。这将成为中层管理者考核下属最主要的考虑因素。

第四，工作年限。

工作年限所代表的是员工的忠诚。对于有着长远发展规划的公司来说，这样的员工就显得非常重要。同时工作年限也是工作经验累积的一个证明，有着更多工作年限的员工，在处理或解决实际问题的能力上必然会表现得更为突出。在激励制度的制定中，必须对这一因素进行慎重考虑。

管理专家米契尔·拉伯福认为，现代公司大多都懂得运用奖惩方式来激励员工，但却往往会在奖惩标准和奖惩对象的判定上陷入误区，导致最终得到奖励的是那些表面文章做得好的人，真正为公司作出贡献的人反而没能得到应有的奖励。制定激励制度的时候，在考虑员工努力的同时，一定要与他们的成绩与成果紧密挂钩，这样才能产生出最好的激励效果。

无论什么样的制度，制定和公布之后，一定要遵照执行。如果制度制定之后感觉不合理，还可以不断调整。如果制度制定之后，根本不遵照执行，那恐怕最终和没有制定制度的结果是一样的。

某保险公司距离完成年度任务指标还有一些差距。总经理考虑后决定，不但一线业务员应承担任务，所有内勤人员也要承担一些业务指标，并且还规定了每个人所应完成的指标下限。对此，总经理制定了专门的奖惩措施，超额完成任务的人给予丰厚奖励，对不能完成任务的下属，则要给予惩罚。

最后，公司业务"冲刺"成功。从整体来看，有能力的下属超额完成任务，很大一部分下属仅仅完成了任务下限，还有一部分下属由于种种原因，没能完成任务。少数个别员工业绩是"白板"。

　　总经理考虑，如果不兑现奖励，会招致下属群体不满。虽然这是一次额外支出，但他最终还是决定论功行赏，将承诺一一兑现。至于没完成任务的下属，总经理认为这毕竟是少数，况且总体目标已经完成，不必追究，与人为善，没必要和下属过不去，惩罚的事情就不了了之。

　　经理不想跟下属过不去，但一部分下属却跟他过不去。

　　超额完成任务的和未完成任务的都很高兴。但那些大部分通过努力，正好完成任务指标的下属却不高兴了。他们付出努力，完成了任务，最终回报竟然和那些不思进取、偷奸耍猾者完全一致。对经理的做法，他们非常不认可。许多人没有明着提出意见，却暗下决心，今后再有同类事情，一定要向这些未完成任务的同事学习。

　　蒙在鼓里的经理还不知道，由于他制定了激励制度，却没有严格执行，最终使自己的管理失效了，在很长一段时间内都对公司经营产生了负面影响。

　　虽说这个保险公司的总经理实施的是非常人性化的管理，不过毫无疑问，他却不是一个懂得如何激励下属的领导。作为中层管理者，我们一旦确立了激励制度，就要遵照执行，如果仅仅制定却不执行，那最后必然会失去下属的信任，这对我们未来的工作必然会产生非常不利的影响。

　　较多采用激励性手段，也是无可厚非的，但这不应以减少或弱化约束性惩罚手段为前提。惩罚也是激励的一种方式，人们期望得到奖励，不过更害怕受到惩罚。因为它的惩戒效应，甚至可以产生出更好的激励效果。

　　作为中层管理者，我们一定要在自己制定的激励机制下做到赏罚分明，这样才能让制度在下属的心中树立起足够的威信，才能确保我们的各项激励制度受到下属们的重视，我们制定这些制度的苦心才能收到良好的效果。

第 5 堂课

从"警察型"变为"教练型"
—— 有效辅导下属 ——

　　"警察型"中层首先考虑的是组织的秩序，他要
施展开自己的权威，让组织内所有成员的行为都合
乎规范。而"教练型"中层所考虑的则是最大程度
调动下属的积极性，通过激发他们的活力，来为公
司创造最大效益。

中层管理者要学会当 "教练"

"包工头"的工作非常简单，只要将上级交代的任务进行分解，分派给自己下属，在下属执行过程中及时进行督促，就可以保证任务圆满完成，自己所承担的管理职责即得以履行。但事实上，这样的工作方式已经不再适用于这个时代。

从 "包工头" 手中，下属领来的只有任务，工作过程中，遭遇的也只是密切的监督，时常还会因为出现一些问题或不足而遭受苛责。上下级之间缺乏交流与沟通，工作中很难产生有效合作，更不用说建立起什么必要的信任。

面对一个 "包工头" 式的中层，下属们很难产生什么好感，他因此也就失去了群众支持。缺乏必要的交流与协作，工作会因此效率低下，因此他很难干出像样的成绩。没有了这些有力后盾，他自然也就不会变成公司的中坚力量，他的职场晋升机会就会变得非常渺茫。

公司提拔新人，新任命了一位经理，他的才华得到了大家的公认，对于他上任后的工作都寄予厚望。不过他刚走马上任一周，老板的办公桌上就堆满了员工对他的投诉，几乎他的每个下属都参与到了这次 "造反" 之中。

一时间，千夫所指，众意难违，老板也没有办法，无奈地把他叫到办公室内，宣布了他的免职命令。为了缓和公司内的气氛，最终让他到外地分公司去暂时避避"风头"。

这位中层经理到底犯下什么滔天罪行，引起下属如此强烈抗议和指责？让我们看看员工们所写的投诉信，就可以对情况有个大致的了解。

一位员工的话颇具有代表性，但又会让人产生啼笑皆非的感觉，他写道："每次上班时，从走进办公室第一秒钟开始，就感觉背后有一双眼睛紧紧盯住自己的言行。不管我做什么，他都像扫描雷达一样盯着我不放。他就像一个录音机，时刻记录下我所说过的每一句话，监督着我、审视着我、评价着我……我都不知道自己这一天是怎么熬下来的，太可怕了！"

还有员工非常愤慨地揭露："他就像个吃人不吐骨头的周扒皮，像监工一样看着你工作。就像我做计划表这么简单的事情，他五分钟就会过来问一句'小王，弄好没有'，然后指手画脚一番，说这也不行那也不行，都不如他的意，就好像我自己什么都不会干一样。遇到这样的领导，我宁愿辞职回家！"

看到这里，我们对于这位经理的工作方式也许有一个大致的了解，对于他的失败也就能找出一个根本的原因。这位经理是优秀的，有一定能力，不然他不会被上司提拔，坐到这个位置上。不过他工作最终面临的却是失败的结果，其中根本的原因就在于他不恰当的工作方式。工作中，经理只是在意自己的意见，忽视了员工的感受，他只考虑工作的进度，忽略了对员工的尊重和空间给予。最终，当员工不能忍受他的工作方式，选择集体爆发的时候，也就是这位新经理离开他工作岗位的时候。

现代社会是一个以"自由"为主题的社会，人们会更多去探求自我价值的实现与认可，在工作当中，也会同样表现出这种要求。员工们希望自己有独立的工作空间，在相互交流过程中，能够保持自己的自尊。他们不习惯被"命令"，他们更不愿接受被"监管"的工作方式。一旦他们的这些要求不能得到满足，那最终就会出现上面故事中所描述的情形。这位新上任的经理显然还没有认清这一文化环境变化形势，依然采用"包工头"的方式进行监管，最终才让他遭遇被调离的尴尬情形。

与"包工头"的工作方式不同，如果一个中层管理者，懂得在自己的管理活动中加入更多温情的内容，他的员工也许就可以展现出更多的活力，而团队的工作效率也会获得显著的改善。

在俄亥俄州的奈尔斯，坐落着美国钢铁和国民蒸馏器公司的子公司 RMI。在一段时间里，RMI 公司的工作效率非常低，利润率也上不去。

一个叫吉姆·丹尼尔的人改变了公司这一状况。

吉姆·丹尼尔就任这个子公司的负责人后，采取了大胆改革措施。他让人在工厂各处贴上一些标语："如果看到一个人没有笑容，请把你的笑容分享给他。""只有自己兴致勃勃，事情才可能取得成功。"在标语下面都会签有"吉姆"的名字。

吉姆·丹尼尔还制作了一个特殊的厂徽——一张笑脸，令人在办公用品上，在工厂的大门上，在厂内的板牌上，甚至在员工的安全帽上都绘上了这张笑脸的图案。

在公司内部，人们常常可以看到吉姆·丹尼尔喊着员工的名字热情地打招呼，满面春风地向员工征询意见，同时，员工们也非常乐意围绕在吉姆的周围，听他讲各种事情，也把工作中的一些情况与信息反馈给他。即便是和工会主席一起出席会议解决劳资纠纷时，吉姆·丹尼尔也能依然面带笑容。

最终，只用了 3 年时间，在没有增加明显支出的前提下，RMI 生产率却惊人地提高了 8%，公司总体成绩获得增长。吉姆因此获得了职位晋升，成为总公司的副总裁。后来，RMI 公司的厂徽被美国人称为"俄亥俄的笑容"。

吉姆·丹尼尔所采取的改革，其实就是改变了公司的管理文化。面对公司经营不景气，员工生产积极性不高，他通过打造充满活力的工作环境，通过与员工之间的积极沟通，最终充分调动起了员工的工作积极性，也达到了改善经营状况的目的。

在吉姆所采取的具体改革措施中，其根本原则，就是摒弃了以前"包工头"的管理方式。让工作环境变得更为温馨，不再让员工感受工作的枯燥，在工作中开始接纳员工的意见，这就充分调动了他们的工作积极性，从而让他们以更积极的状态投入到工作之中。当然所有这些付出也都得到了最好的回报。

作为中层领导，你会负责一个部门，负责一个子公司，在你的管理过程中，必然会带出自己的管理文化，看看上面不同故事，看看不同管理方式所产生的后果，也许这会对你开展管理工作，形成有效借鉴。类似"警察"和"包工头"这样的角色，真的不适合一个出色的中层管理者。

尽量发挥下属的潜能

作为一个"警察型"的中层，他首先考虑的是组织的秩序，他要施展开自己的权威，让组织内所有成员的行为都合乎规范。作为一个"教练型"的中层，他所考虑的是最大程度调动下属的积极性，通过激发他们的活力，来为公司创造最大效益。

作为最终的结果，"警察型"的中层可以获得秩序井然的局面，但是作为"教练型"的中层，却往往可以最大程度调动起员工的积极性，让员工的业务水准更上一层楼。当公司内部生产经营活动呈现出"千帆竞进"局面时，最终也往往会取得让人感到意外的结果。

某知名公司在全国各地设有分公司，最近总公司分派两位经理分别去了山西和内蒙古分公司开发市场。

作为总裁，他比较担心山西分公司的经营状况，因为派去那里的这位经理没有什么工作经验，并且市场环境也非常不完善，经营不力，山西市场有限的份额便可能会被其竞争对手抢去一部分；对内蒙古分公司的经理却放心许多，虽然市场情况也并不是很理想，但因为派去的经理非常有经验，对于他的经营效果抱有一定预期。出于对年轻干部进行锻炼的目的，总裁并没有过多干涉他们的工作，以考察他们的独立领导与经营能力。

一年时间很快就过去了，从经营报表上呈现出的是非常戏剧性的结果：山西分公司市场占有率没有降低，反而还有明显上升；内蒙古分公司的结果与当初预想却正好相反，不仅没有取得成绩突破，在市场竞争中还开始表现出衰弱趋向。

总裁百思不得其解，最终决定分别到两个分公司去作一些调查，以求能寻找出其中原因。

经过调查，总裁发现，派往山西分公司的经理，虽然经验和能力都比派往内蒙古分公司的经理差一点，但可贵的是他乐于把自己所学的知识传授给员工，并且时刻注重对员工进行鼓励，培育起很好的团队文化，大家团结一心，为公司开创业绩共同努力。在工作过程中，这位经理也在不断磨炼、提高自己。经理获得了能力提升，员工们也个个成了业务精英，取得了好成绩，也就是顺理成章的事情。

而派往内蒙古分公司的经理，个人能力虽然很强，但是他只知道自己埋头苦干，忽略了对周围员工的调动和培养。一个人的力量是非常有限的，他的成绩虽然非常突出，不过他手下的工作人员工作开展得大多不利，因为这种成绩的差异，还影响了团队的团结，很多人因此闹意见。在激烈的市场竞争中，整个公司的市场竞争力已经越来越弱化。

最终，山西分公司的经理被提拔为总公司的副总，对各个公司的经营状况进行把关和指导。而内蒙古分公司的这位经理也同样被调回总部，理由却是留为他用。

这位内蒙古分公司的经理，虽然不能说是一位典型"警察型"的中层领导，不过他显然忽略了对下属积极性的调动和对下属工作能力的培养，即使他有着突出的个人工作能力，但是因为他所带领的团队成员工作不力，使他总体工作成绩并不尽如人意。

这位山西分公司的经理，虽然个人能力不是很突出，但他懂得依靠大家的力量去开创有利于开展工作的局面，而这就恰恰是一个"教练型"中层领导所必须具备的品质。他与下属积极沟通，彼此鼓励，为公司更好地发展这一目标而努力奋斗。最终，取得超过预期的成绩，并且在过程中，自己也获得了难能可贵的成长。

中层是公司结构中的"夹心层"，一方面他有着自己的权限，一方面又肩负着上级对自己的期望，只有充分调动自己手中的每一份资源，才能最大程度拓展自己的业绩，只有这样，才能掌握足够的"筹码"，帮助自己成为企业的中坚力量。

有一位著名企业家，在一场座谈会上，和大家分享他的成功经验。

有位听众举手问道："你事业上取得这么大的成功，请问，对你来说，做好事业最重要的是什么？"

企业家没有说话，他站起来，走到黑板前画了一个圈，只是没有画圆满，留下一个缺口。然后回到原来的位置，仍没有说话。

台下听众纷纷开始议论，"怎么没有画完？""是什么意思？"有人说这是一个零，有人说是未完成的事业，有的说是光圈，等等。

但是，企业家只是静静地坐在位置上，微笑着听这些人的发言，并没有做出任何答复。

这时，有人站起来说："请您给我们讲解一下好吗？"

"在我看来，这只是一个未画完的句号。你们问我如何取得成功，其实很简单，我不会把事情做圆满，一定要留个缺口，让我的下属去填满它。"企业家认真地说。

作为中层管理者，个人的工作成绩是重要的一部分，而自己所带领团队所取得的成绩，才是更重要的考核内容。如果以一个业务经营的标准进行衡量，也许你是优异的，但是如果以一个管理者的身份进行衡量，结果就不是自己想象的。有些人会常常忽略掉这个重要标准，所以他们的管理工作就会常常遇到阻碍。

要想取得一番成就，必须要有自己所能依靠的团队力量，组建自己的团队，明确团队成员最适合的位置，尽量发挥他们的最大潜能，才是一个中层管理者所应履行的职责。不要做一个强调自己威严的"警察"，要做一个善于培养优秀员工的"教练"，具备这样的思路，才能为自己从一个普通的中层走到公司的中坚，找到一条最正确的发展道路。

培养下属独特的业务能力

"警察型"中层与"教练型"中坚最大区别就在于他们对待下属业务的态度上。

"警察型"中层强调的是下属的行为规范，他们会划定明确的界限，不让下属越界。他们认为在这些规则的制约下，下属一定可以保持最高的工作效率。而对于"教练型"中坚来说，他们视下属的业务为自己的生命，他们想方设法指导下属，帮助下属提高业务水准，他们知道，下属的好业绩，就是对自己管理工作的最大认可。

    有一对兄弟经常去钓鱼。但他们性格差异很大，哥哥性格内向，不善与人交际；弟弟却特别热心，别人遇到什么事情，他都乐意提供帮助。

    一天，他们来到海边，发现今天这里来了很多生手，因为他们不懂怎么钓鱼，忙了半天也没有钓上一条鱼。

    哥哥看到这种情况，内心窃喜，因为这样就没人和他竞争了他把自己旁边看他钓鱼的人都赶走了，怕他们偷学会自己钓鱼的技术，他想今天自己一定会有一个大收获。

    弟弟则直接向那些焦急的生手走了过去，对他们说："我来告诉你们钓鱼的诀窍，但你们每钓上两条鱼就要分一条给我。"

    这些新手听了，都表示乐意接受，因为这总比什么也没有收获强。弟弟开始向他们传授了钓鱼的技法，与他们在一起谈笑风生，也结成了朋友。

    就这样，一天很快结束了，哥哥专心在那里钓鱼，到傍晚的时候，有了不小的收获。弟弟却始终没有去钓鱼，而是一直和那些生手在一起，指导他们的钓鱼技术。当有人开始钓上鱼时，弟弟就和他们一起分享喜悦。当有人技术掌握还不熟练，开始出现焦躁的情绪，他就在旁边耐心指导，同时不忘给予鼓励。这些生手虽然技术不高，不过他们人数众多，并且生手似乎总有好运气，到傍晚时，他们也有了不小收获。当然，他们没有忘记约定，把钓上来的鱼分出一半，送给弟弟。众人拾柴火焰高，最后摆在弟弟面前的，竟然是一大筐鱼。

    这两个兄弟，就如同两种不同类型的中层领导。

    哥哥比较强调秩序，在自己与他人之间划有一条明确的界限，他不允许别人越过，他更不愿意与他人分享自己的经验与技术，这让人感触他就是一个威严的"警察"。

弟弟的性格则要开朗许多，他乐于助人，乐于向他人提供自己的帮助和指导，不过他没有忘记适当向他们提出自己的要求。他的做法更符合一个"教练"的角色，自己不用上场去参与竞争，只用培养好自己下属的独特业务能力，最终就能从他们取得的成绩中，分享到自己应得的利益。

对于两种不同的性格，对于两种不同的管理方式，最终呈现是完全不同的结果。哥哥非常忙碌，最终有了自己的收获。弟弟工作非常开心，也非常轻松，多了很多朋友，但是他的收获却非但不比哥哥少，甚至还要多出许多。那些"警察型"的中层，维持了应有的秩序，但也会失去本来应有的空间。那些"教练型"的中层，他们与自己的下属会有一个愉快的合作过程，同时，通过大家的协作与努力，又会收获一个对大家都有利的结果。

作为中层管理者，对于自己的管理职责与目标，必须要有全面认识。比较两种不同的管理方式，看看它们所产生的结果，你就会知道，自己究竟应该做警察，还是做教练了。

刘鹏担任着一家汽车公司的销售经理，最近公司招聘了一批新业务员。面对公司的这些新成员，他采取了一系列的培训和激励措施。

这些业务员，很多人没有从业经验，甚至有些人是刚从大学毕业的学生，对公司不了解，对一些汽车知识也不熟悉，为此刘鹏首先采取的是"一对一"的业务扶助活动，让一个老员工带领一个新员工，在日常工作中进行实战锻炼，教他们如何和客户打交道，在实践中累积对汽车知识的了解。

此外，刘鹏还在员工们休息的地方放置了一些有关汽车的专业书籍和报纸杂志，给新员工创造了一个良好的学习环境。在没有客人的时候，刘鹏就会把员工们集合到一起，和他们沟通、交流，对他们取得的成绩进行表扬，及时指正他们身上所存在的不足，对于一些共性的问题，他还会专门组织一些短期培训，以达到提高整体业务水平的目的。

为了鼓励新员工的学习，刘鹏特意为此制定了激励机制。新员工如果在一个月内销售量达到老员工平均水平的 2/3，就会多拿到 5 个百分点的提成；相反，如果低于他们平均水平的 1/3，就会扣掉相应的提成。这大大激发了员工的工作热情，虽然工作中遇到了各种困难，但是这些员工都毫不退缩。没过多久，他们就能准确解答顾客提出的各种问题，成为了公司内部的又一批业务精英。拥有这么多"得心应手"的下属，刘鹏的管理工作自然也就开展得十分顺利。

作为一个部门的负责人，刘鹏深刻认识到对新员工业务培训的重要，并且想方设法去最大程度提高他们的业务水平。他组织实施了"一对一"业务帮带，为他们的业务学习提供最好的环境，并且为激发他们的积极性，还为此建立了激励措施。他的所有努力都有着最好的回报，他最终拥有了一个个"生龙活虎"的得力干将。

相对老员工来说，新员工的业务培训具有更为重要的意义。一个组织只有注入最有活力的血液，才能谋取长远的健康发展，如果忽视对新员工的业务培训，针对他们的工作状态漠不关心，那也就失去了一次提升整体业务水平的机会。长此以往，你的团队就会后劲不足。

作为中层，作为公司部分生产经营活动的负责人，必须要认识到自己管理职责的根本就是让下属取得良好的业绩。只有想方设法把下属业务水准提高，自己的管理工作才算圆满完成。如果你就是这样的中层，如果你能够把公司业务做到最优，又怎么会成不了公司的"中坚"呢？

做下属良好的心理咨询师

对于初学驾驶的人来说，刚上路的时候必然会非常紧张，在拐弯时不知道如何打方向盘，在遇到紧急情况时，又不知道该怎么踩刹车。这时，坐在一旁的汽车教练就要发挥自己的作用，除了教授必要的方法，还要适时地给学员以鼓励，缓解他们的心理压力，稳定他们的情绪，给他们信心和勇气，这样才能让他们驾驶的汽车在道路上安全有序地运行。

中层管理者是否也该像汽车教练那样对待经验尚不成熟的下属呢？

事实上，除了教授下属必要的方法之外，调整好下属的工作情绪，帮助下属建立自信心，也是中层管理者工作中一个必不可少的环节。尤其在员工还是"新手上路"，或者是第一次大胆提出自己意见时，即使他们做的不是完全正确，也要进行必要的表扬和鼓励，这样他们才有勇气在未来的道路上进行不断探索。人世间，没有任何事情是顺理成章的，在市场开拓的过程中，或者在技术创新的过程中，调整好员工的心理状态，帮助员工能始终保持自信，才是中层管理者获取成功的最大保障。

某公司营销部新来了一名员工小刘，刚开始她只是一个毫不起眼的营销员，但她聪明又勤快，对市场变化也有敏锐的把握意识，提出的一些想法甚至让老员工都感到眼前一亮。

刚好这段时间公司新推出了一个品牌,小刘主动做了一个策划方案,可一想到自己资历尚浅,经验不丰富,怕拿出来会让人笑话,犹豫好久,不敢提出来。

经理对这一情况进行了解后,主动找到小刘谈话,非常热情和真诚地询问她有什么心事,是否需要帮助。小刘最终敞开心扉:"经理,对这次新品牌推广,我有自己的创意和想法,可又不知道该不该提出来。"

经理认真回答她说:"为什么不提呢?只要是为公司好,公司都是欢迎的。"小刘提出了自己的担心:"如果我的方案不好,到时给公司造成损失,这后果我可承担不起。"

经理笑着对她说:"这个你不用担心,公司会有自己的考虑,对每个方案都会进行讨论,大家集思广益,共同参与,会让方案变得更完美。即便真的不能执行,那这个方案也可以为大家开拓新思路,有什么不好呢?"

经过营销部经理一番鼓励,小刘最终充满自信,在周末例会上,提出了自己的想法,对于其中的细节进行了详细讲述。最后,经过论证,认为这一方案有足够的新颖性,最终被采纳,事实证明也非常成功。通过这次参与,小刘的自信也得到了一次完全的激发。在以后的工作中,她越来越有干劲,成为营销部门的一名得力干将。

试想一下,小刘当初跟经理提出自己构想时,得到的不是鼓励,而是冷脸和嘲讽,或者以没资格没经验为由来搪塞她、拒绝她,那小刘会承受多大的心理打击,在她日后的工作中,又会呈现出什么样的状态?更为重要的是,公司会因此失去一份非常好而且有活力的方案。所有这些情况的发生，根本原因就在于这位中层经理扮演好了下属们的心理咨询师这一角色。

除了因为业务开展所产生的问题需要中层关注外，员工在生活中所遇到的心理问题，也同样是上级主管所必须关注的。因为工作和生活是紧密相关的，只有生活上的问题得到圆满解决，下属才能全身心投入到工作之中。

某公司技术部苏经理最近发现女下属小于早晨上班后，总是闷闷不乐，坐在自己座位上，摆弄着圆珠笔，皱着眉头，谁也不答理。这个情况引起了他的注意。

开始时，苏经理以为小于是和同事发生了争执，可能过一会儿就没事了。但过了几天，小于状态没有好转，反而还有"恶化"的趋势，竟然在一次接电话时，莫名其妙地和其他部门工作人员吵了起来。虽然她事后也道了歉，取得了对方原谅，但苏经理决定跟小于好好谈一谈。

苏经理没有因为电话的事过多训斥小于，从她身边经过，稍微一停，有意无意地对她看了几眼，用这个不寻常的细节，让小于发现自己对她的关注。接着，到中午吃饭时，他悄悄走过去，请小于一起吃工作餐。

在餐厅，苏经理与小于边吃边谈，终于弄明白了事情原委。原来，小于刚和相爱 7 年、近期正准备结婚的男朋友分手了，因为男友这些年还有另外一个女友。被一个负心汉欺骗了这么久，偶然得知真相后的小于果断提出了分手。

苏经理知道小于重感情，又是女孩子，遭遇这么大感情变故，能坚持来上班已经不错了，对工作的事情就没有再提，只是关心地聊了几句，让她看开一些，最终决定给她放一个短假，让她出去散散心，调整好自己之后，再来全身心投入到工作之中。

小于以为苏经理会因为工作的事情批评她一顿，没想到顶头上司出乎意料地表示了对自己的理解，还主动帮自己解决问题。感激之余，小于对上司充满敬佩，自己也似乎变得更加坚强了。

也许你会觉得，苏经理做的这些，那是妇联主任们才会去做的事，难道下属失恋了，也要我这个领导帮着劝？但是要知道，每一个下属的工作状态都关系到整个团队的运行状况，而团队的运行状况则决定着团队的总体业绩，你还敢说这事跟你这个中层没关系吗？而且，类似的问题更是你这个平时看起来高高在上的中层拉近与下属的关系，赢得下属的欢迎和支持的大好时机，让这样的好机会白白从手边溜走，绝不应该是一个精明的"教练型"中层的作风。

作为中层管理者，要做到"眼观六路，耳听八方"，要时刻体会下属情绪与工作状态的变化，不要认为只要管好工作之内的事情，工作之外的问题与自己完全无关。要知道员工的生活与工作状态总是紧密相关的，一个"教练"只有时刻把握好自己"运动员"的状态，解决好他们的问题，才能让他们以最饱满的精神状态，在竞争激烈的赛场上取得最好的成绩。

宽容对待下属的缺点和错误

从面对下属缺点和错误所采取的态度上，就能区别出这个中层是一个死板的"警察型"，还是一个亲和的"教练型"。

对于"警察型"中层来说，当下属在工作中犯下错误时，做法往往是给予下属猛烈的苛责与惩罚。遭到惩罚的下属会因为这些可怕的回忆而尽量将自己的行为维护在合理范围之内，以避免再次犯下错误。下属产生了这样的心理，"警察型"中层的管理也就相对意义上地成功了。但是，下属们对于这种性格的管理者的态度，大多也是敬而远之。

对于"教练型"中层来说，面对下属的缺点和错误，他们所采取的则更多是包容的态度。"教练型"中层把下属取得成绩看成是自己的最终目标。他们认为，一旦遇到问题，积极寻求解决之道才是最好的方法，对于下属已经犯下的错误，他们则主要指导下属吸取教训，同时帮助下属重新建立起自信心，这样下属才能有勇气向着下一个目标继续发起挑战。对于"教练型"的管理者来说，人们更多是信赖，甚至会有些"依靠"，因为在他们面前，从来不用担心暴露自己的问题，而问题在这里也往往会得到最好的解决。

戴高乐将军的智囊团中有很多有文采的人，他要求这些人就他指定的题目撰写发言稿和文章，但这些"笔杆子"所撰写的东西，又常常不会为他所用。

一次，一位下属为他起草了一份文件，他自认为十分满意，可第二天拿到戴高乐阅过后的稿件时，他却失望了，因为戴高乐已经把它改得面目全非。这位下属因此非常懊恼，他认为这是戴高乐将军对自己的表达不满意，自己已经面临被辞退的危险。

他来到了戴高乐的办公室，胆怯而尴尬地问道："我是不是已经没有必要留在总统府继续工作？"

戴高乐听了后，哈哈大笑，说道："当然有必要！我需要这样的演讲稿，为的就是和你唱反调，这样我就知道我应该在演讲中说什么内容。"

戴高乐就是一个来文必复的将军，他阅过的文件在第二天一定要退回给作者，同时在文件上，会留有他的同意、否定、争论或是赞扬的批语。他的意见从来都不会保留，而面对这些意见，人们也不会感到"难为情"，因为大家知道戴高乐喜欢和下属唱反调，而这也正是他的沟通方式。与自己身边下属进行运筹帷幄的较量，来加深和发展自己的思维，这样当自己面临决策的时候，也就会有更多的支持，在未来的讨论或对敌战争中也就有更大把握获得胜利。

戴高乐的管理方式，所体现的正是包容，面对下属在工作中存在的不足，他没有进行斥责，更没有说因为这些不足让他们离开自己的工作岗位，他只是哈哈一笑，让对方释放掉自己内心的疑虑，同时保持足够的自信去面对未来的工作。不过戴高乐更是一个聪明的管理者，从下属的不足中，他懂得进行反思，从而从中寻找到工作开展的正确思路。

最为优秀的管理者不仅不惧怕失败，反而会用开阔的胸怀去迎接失败，因为他知道失败其实并不可怕，缺点也并不需要回避。失败之中可以孕育走向成功的机会，认识自己的缺点，才可以寻找到最正确的工作方法。他们的这些认识，最终会转变成为他们的管理态度。在他们管理之下，员工每次面对失败和挫折后，不是失望，而是对自己的深刻反思和对未来信念的坚定。

此时，比较那些"警察型"的苛责管理方式，员工的性格则多是唯唯诺诺，谨慎后怕，面对激烈的市场情形，不敢作出果断的决策与判断。正是因为害怕犯错，才会出现更多错误，正是因为不敢袒露自己的不足，反而使自身行为有更多不足，最终不能取得什么像样的成绩，对管理者的考核也不会有什么好的评价。

能够成为主管的员工，头脑都不会差到哪里去，彼此之间所比较的就是他们的心胸和性格。对于那些能够赢得大家认可和爱戴，成为公司中坚力量的人，他们在对事、对人的处理中，总能体现出他们的大度和包容。一个足够聪明的中层管理者总是给他人以更多空间，这样才能赢得人们更多爱戴，同时也为工作开展创造出了更多空间。

以身作则起好带头作用

中层是企业的管理层中与基层员工接触最为紧密的人。无形中，他们的言语行为，就会成为员工的表率。因此，中层管理者的管理方式往往会对公司的业绩产生深远的影响。

从普通员工的角度来看，他们不希望自己的直接领导者是一个"光说不练"的人，对别人提要求时，总是侃侃而谈，但当事情轮到自己头上的时候，却往往临阵退缩。这样的中层很难赢得下属们的信任。下属一旦认为自己的上司是一个言行不一的人，就会对公司整个管理文化进行否定，既然上司是一个可以"应付"的人，那自己就没有必要为了工作投入全部精力。

反之，对于一个"教练型"的中层来说，遇到困难，他总能冲在最前边，遭遇挫折，他又从不推诿责任，面对困惑，他又能集思广益，集合大家的力量去寻求问题的解决方法。这样的人，总能鼓舞起大家的士气，最大程度调动大家的积极性，也会取得最好的管理效果。成功的领导，在于99%的个人威信和魅力展示，以及1%的权力行使。而这种威信与魅力的来源，正是来自领导自身的行为。

美国著名将领巴顿将军曾有一句非常著名的话："在战争中有这样一条真理，士兵什么也不是，将领才是决定最终胜败的一切……"他为何会有这样的观点，看看下面的故事，你也许就会明白其中的原因。

当时的巴顿还在担任一个中级军官,一次,当巴顿带领部队行进时,汽车陷入了泥潭。巴顿喊道:"你们这帮混蛋,赶快下车,把车子推出来。"

听到命令,所有人都下了车,开始用力推车。在大家努力下,车被推了出来。这时,当一个士兵准备抹去自己身上的污泥时,他惊讶地发现身边那个同样弄得浑身是泥的人竟然是巴顿本人。

这个士兵将这件事情一直记在心里。直到巴顿去世,在他的葬礼上,这个士兵才对巴顿的遗孀谈起这件事,这个士兵最后说道:"是的,夫人,我们敬佩他!"

我们看完这个故事,再来回顾巴顿那句名言,也就不难理解他话里所蕴含的深意了。士兵的状态是决定战争胜利的关键,不过要想士兵保持良好的状态,首先必须要自己的领导者作出最好的表率。这个道理不光在军队适用,在任何一个组织中都是完全适用的。凡是能够带好团队的领导者,必定是以身作则的领导者。

那些能够做到以身作则的中层管理者,可以通过亲身实践及时发现工作中存在的一些问题,因此可以对工作中的一些问题进行及时变更,从而确保公司管理政策能够最大程度与现实相结合,以此推动公司经营活动的有效开展。

有一家公司,它的一个生产部门工作效率总是非常低,不能达到理想的效果。为此总部有针对性地采取了一系列的改革措施,比如改进生产技术,加强监督，但都没有起到理想的效果，最后公司决策层经过考虑，决定更换部门主管，看能不能有所改善。

这位新上任的主管到达工作岗位后，并没有急于开展自己的改革措施，而是进行了一系列的调查。在走访的过程中，他发现这个部门员工的工作积极性都非常低，各个生产环节之中，也存在互相推诿的情况，员工普遍欠缺责任意识。

对情况有了基本了解之后，这位主管开始自己的改革。他首先宣布，自己要到生产一线从事工作，要和大家站在一条线上为改善部门业绩而努力。这一消息引起大家强烈反响，因为这是以前管理者从来没有做过的事情。在他实践的过程中，同时也对生产一线的情况进行了解，反馈回很多有效信息，并据此对工作方针进行极大调整，推出了有诱惑力的薪酬激励机制来激发员工的积极性，明确员工的考核，让每个人都明白自己身上所肩负的责任。在他的努力之下，整个部门生产状况获得好转，公司的最高决策层对这一变化的发生也感到非常满意。

作为"警察型"中层，他永远站立在管理者的对面进行管理，他只会告诉下属要做什么，什么不能做，只会告诉你明确的目标，除此之外，不会有更多的沟通和交流。但是作为"教练型"的中层，他则会经常上场进行示范，以求下属能最快地掌握这些最正确的方法，同时在示范的过程中，也可以从实践者的角度，对上级的策略进行体会，以求两者之间达到最好的配合。

作为最直接的负责人，中层管理者是一个团队的先锋，也是公司文化和价值观的最直接体现，自己的工作能力、方式、思维方法甚至喜好都会对团队成员产生莫大影响。作为中层管理者，一定要认识到自己的标杆作用，以对自己的严格要求和对工作的积极态度，来对整体工作进行最大支持。

第 6 堂课

从"英雄型"变为"领袖型"
有效带领团队

英雄总是孤单寂寞的，没有人能分担他的压力，因为其高高在上的姿态让人感到不可接近。而领袖型周围，总是围绕着众多得力助手。他们共同承担责任，团结一致，共同努力，打造出一个高效和谐的团队。

为团队制订明确的发展方向

"英雄"只要知道自己的目标就可以，并为这个目标努力奋斗，就可以博得他的好名声。而一个"领袖"所面对的情况就截然不同，他要能为一个团队寻找出正确的目标，并鼓励大家向着这个方向努力，只有这样才能造就出他的一番"伟业"。

团队并不是几个人聚集在一起这么简单，团队内部还有更为紧密的联系，那就是团队的统一目标，根据目标分解每个人身上所应有的任务，根据目标的实现进度来衡量每个人的工作完成情况。一个团队的管理者，只有充分认识目标与团队之间的关联，并能够充分利用好这种联系，才能驾驭好自己的团队。

在明末清初，苏州乡下住着一户赵姓农民。赵老汉在外谋生，妻子领着三个儿子则在家种田度日。孩子渐渐长大，赵老汉就把田地划成三块分给儿子，让他们以种茶树为生。一年赵老汉从广东回来，带回一捆花苗，说这是南方人喜欢的一种花，也不知道叫什么名字，然后随便将它栽在大儿子田边。

说来奇怪，无心栽花花自开，一朵朵白色小花，散发着淡淡幽香。一天，大儿子吃完晚饭后散步，惊奇地发现自家茶树都沾染了小白花的香气。他采了一筐新茶，到苏州城里去卖，没想到，这种含有香味的茶叶很受人欢迎，很快就全部卖光了。

这一年，大儿子靠着卖"香茶"发了大财。两个弟弟知道后，找哥哥算账，认为"香茶"是父亲栽种的，所以卖茶叶的钱应该三兄弟平分。兄弟为此吵闹不休，一气之下两个弟弟要把香花强行毁掉。

三人争执不休，最后找到乡里一位老秀才来给评理。老秀才缓缓说道："三人是亲兄弟，应该亲密无间，哪能只为一点点利益，就闹得四分五裂？哥哥发现香茶，卖了钱，这是财神找上门了，多好的事情，你们却打起架来，真是愚蠢。兄弟三人都能栽香花，都去卖香茶，大家不就和气生财了吗？将来，你们的香茶名气越来越大，到那个时候有坏人来偷，还得靠你们兄弟齐心，团结一致才行啊！"

三人听了老秀才的话，很受触动，回家后，共同栽花，和睦相处，大家很快就都富裕起来。多年后，苏州的"茉莉花茶"声名远扬。

你知道一个团队最忌讳什么吗？不是员工能力不够，也不是成员人数不够，而是组织涣散、人心浮动、人人自行其是，甚至搞"窝里斗"，这样一个团队，是没有生机与活力可言的。在一个缺乏凝聚力的环境里，个人再有雄心壮志，再有聪明才智，也不可能得到充分发挥，更别谈什么团队的力量了。

三兄弟刚开始，就如同一个没有明确目标的团队，即使他们原本是亲人，但是因为利益，彼此争得不可开交。这个时候，幸亏有老秀才及时出现，他就如同一个团队的领导者，为他们指明了方向，化解了争斗，让他们的关系又能保持和睦。在兄弟齐心协力奋斗下，他们的"香茶"的名声远近闻名。

从这个故事中，我们就能看出明确的目标对于一个团队的重要性。缺少目标的团队，即使他们本来有着良好的关系，但出现任何小问题，都会使他们的关系走向破裂。而对于一个涣散的组织来说，只要有明确的目标牵引，那他们也能够爆发出无坚不摧的力量，最后所创造的成绩会远远超出大家的想象。

马玉是一个非常有想法的人，在 1999 年的时候，他就想要在印刷行业开创出自己的一片天地。他辞掉了自己铁饭碗的工作，带领一群年轻人，开始了自己的创业之旅。

在刚开始的时候，创业条件非常艰苦，不过这并没有让他们放弃自己的目标，马玉不断向自己的下属描绘着未来的美好，向下属讲述中国出版行业发展的美好明天，让他们始终保持对公司前景的信任。

正是在这一目标的牵引下，他的团队成员，无论经受什么样的考验，都没有离开他。正是在目标的激励下，使他的团队能够克服各种困难，不断向着他们所设定的方向前进。

伴随中国市场环境逐步成熟，马玉所创办的公司也取得了飞速发展，他们所创办的印刷公司，已经成长为国内佼佼者，他们所提出的服务理念，更成为行业内兄弟公司所学习的榜样。而他的公司能够走到今天，所依靠的正是这一目标的牵引。

对于一个"领袖型"的中层来说，要想带领自己的团队创造出一番业绩，那就必须认识到团队目标的重要，不仅要能找到属于自己的目标，还要善于向下属描述自己的目标，让他们意识到自己时刻在为这一目标而努力，这样才能使大家团结一心，经历各种困难考验，最终将目标转变成为现实。

要知道，强有力的团队迸发出的力量，是团结一致的力量，是齐心协力的力量。所以要想建立一个优秀的团队，就一定要培养团队的一致性，而它的一致性首先就体现在团队的目标上。目标明确，并且获得大家认可，自然也就会最大程度积累团队成员为了这个目标努力。

英雄之所以成为英雄，是因为他有着出众的能力；领袖之所以成为领袖，则是因为他总能为一个群体指明最明确的发展方向。人们对待英雄更多是敬仰与钦佩，对待领袖，则有更多的信任与依赖。

当好团队的黏合剂

英雄都是孤单的，没有人能理解他的意图，也没有人能分担他身上所担负的责任，正是因为这份孤独造就他的性格。在一个领袖的周围，总是围绕许许多多不同类型的人才，领袖与其说是他们的领导者，倒不如说是他们的 "黏合剂"，结合大家的智慧，发挥大家的力量，领袖所带领的团队就可以达到只靠个人的英雄主义所达不到的高度。

作为公司的 "中层"，要去实现自己的工作目标，千万不要忘记在自己身后还有许多得力干将。发挥自己 "黏合剂" 的作用，将这些人的力量有效结合起来，也许就可以解决掉以前所不能解决的问题，取得让人意想不到的成绩。

　　某化妆品公司销售部业绩总没有起色，公司经过考虑之后，辞退了原部门经理，让资深员工老刘来接管这个烂摊子。

　　许多人都来劝老刘，说："老刘啊，你还是推掉这个差事吧，销售部换了两个经理都没搞出点名堂来，你还是不要去啃这块硬骨头了。"

　　对于同事的告诫，老刘只是笑笑，信心十足地说道："3个月内，我会让这个部门旧貌换新颜，你们就等着瞧吧。"

　　同事们都瞪大眼睛，想看看老刘能拿出什么特别的办法来。不过事实却让大家有些失望，上任之后，老刘在一个月里什么都没做，只是按时上班，按时下班。销售部的员工们也都纳闷："新官上任三把火，可这位经理怎么就不一样？"

　　一个月过后，老刘开始了他的行动，他取消了业务员单独跑业务的制度，然后根据他这一个月的调查结果，把业务员分成小组，要求小组成员把他们的优势发挥出来，相互学习，改善彼此的业务水平，也让整个集体发挥出更大的效用。几个月后，公司的业务量翻了一倍。看到成绩，员工的干劲也更足了。这样一来，老刘也就实现了当初的诺言。

　　事后再看，老刘其实并没有采取什么措施，只是让员工更好地团结在一起，发挥"众人拾柴火焰高"的作用，最后就取得了改善经营状况的结果。

　　公司业务出现问题，却没有人能发现其中原因，有着多年工作经验的老刘敏锐地察觉到问题的症结，在他上任之后，只是更改了部门内员工的工作方法，就取得了非常理想的效果。老刘所采取的办法，其实就是让团队所有成员的力量紧密结合起来, 让他们彼此分享经验和资源, 同时又相互支持和鼓励, 最终才发挥出真正属于一个团队的力量。在这个过程中, 老刘所发挥的其实就是"黏合剂"的作用, 而这恰恰是一个中层管理者最应发挥的职能。

现在市场竞争日益激烈, 任何一个组织都必须强调发挥团队精神。如果每个人都只是单打独斗, 那就很难提升工作绩效。因此, 如何打造最好的团队, 能否发挥出自己"黏合剂"的作用, 对于中层管理者来说就显得非常重要。作为团队的负责人, 中层管理者必须要认清楚自己手中拥有什么样的资源, 要明白通过什么样的方式能利用好这些资源, 只有这些问题都有一个清晰的回答之后, 才能为自己走向"中坚"铺就一条最平坦的道路。

刘丽在一家知名企业任部门总监。她工作能力很强, 有激情、有干劲, 有时脾气有点暴躁, 但是对大家却非常真诚, 因此赢得了下属对她的爱戴。

刘丽在公司很爱护下属, 有什么问题总是自己扛下来, 下属反馈的意见也总会得到慎重考虑。她是领导的得力助手, 更是员工们的精神依托, 是整个团队中的核心所在。

最近, 公司拓展业务, 传言说要提拔一名分公司经理。刘丽俨然是其中热门人选。当刘丽把工作干得热火朝天时, 公司突然来了个"空降兵"——从哈佛 MBA 毕业的姚琳。老板的意思表达非常隐晦: "公司派姚琳来协助工作, 有问题要一起协商解决。"

刘丽心里明白, 这次晋升有对手了。姚琳不愧是高才生, 第一天上班就发现了公司制度上存在小问题, 毫不客气地训斥下属: "办公室不是吃早餐的地方，如果再违反扣除一天工资。"然后又告诫全体员工，"以后上班不能穿得随便，更不能在办公室里吃早餐。"

看到姚琳在批评员工，刘丽连忙为员工解围："姚琳，这是我的过失。部门制度正在重新制定，谢谢你提醒我。"姚琳只是很牵强地笑了一下，走开了。

下班后，刘丽找到那些被批评的员工，说道："小王啊，知道你早上要送孩子，只能在公司吃早餐，但现在姚琳做副手，你以后就多多注意。小陈，以后要多注意自己形象，姚琳可不是开玩笑的。"

每一位员工都觉得刘丽像一个大姐姐，小王感动地说："刘丽姐，谢谢你，以后会注意的。"小陈眨了眨眼："刘丽姐，你这么关心下属，我一定支持你。"

第二天上班，刘丽发现办公室收拾得井井有条，还摆上了鲜花，大家都在认真工作。小陈也一改牛仔裤休闲装的打扮，穿上了白衬衣黑西服的正装。

月底时，公司决定开辟新市场，要求刘丽和姚琳分别制订计划。公司非常慎重，对刘丽和姚琳来说，她们都知道这次机会的意义。

刘丽到处查资料，和下属一起讨论，听取大家的意见。姚琳则单枪匹马，紧锣密鼓，仿佛自己面临的是一场战争。

很快就到了论证会那天，公司所有高层都参加了。姚琳讲了她的计划，很精彩，赢得了大家掌声。轮到刘丽时，她讲了自己的整体计划，有全新的思路，并且又与现实市场紧密结合，让人觉得更加完美，老板第一个鼓起了掌。最后竞争的结果，自然是刘丽赢得了分公司经理的职位。

　　刘丽赢得这个职位，其实依靠的是整个团队的信任，而她之所以会赢得他们的支持，实际上是因为她在团队管理上发挥了"黏合剂"的作用。她尊重自己的每个下属，能够设身处地为他们进行考虑，当然也会换得他们的认可。在她遇到困难，面临一个极大挑战的时候，获得他们的支持也就是理所应当的事情。相比较而言，作为刘丽的竞争者，姚琳的管理方式虽然是正确的，但是却让员工在接受的过程中产生了负面情绪。她没能真正团结起一个团队应有的力量，在最为关键的竞争中，这也就成为她走向失败的原因。

　　在任何组织中，一名好中层都必须具有协调和处理员工间问题的能力，这是最基本的要求，同时也是一个管理者管理水平的体现。妥善处理员工之间关系，以恰当的方式让他们明白自己的管理意图，这样他们才能接纳你的意见与命令，这样才能形成相互合作、相互支持的良好工作环境。

　　一个中层管理者，当他能够"黏合"出一个齐心协力、团结高效的团队的时候，也就是他的工作获得别人认可的时候。

学会放权，不做"孤胆英雄"

英雄总是寂寞的，他在事业上不会有帮手，在生活中也不会有朋友，没有人分担他的孤独，也没有人与他同路去追求共同的目标。

作为领袖，他的身边则总是有很多的协助者，正是依靠他们的帮助，借助他们的支持，他才能取得一番伟大的成绩。

最终结果，作为一个英雄，他所面对的可能更多是挫折与失败，只有用这份悲凉，才能衬托出他的伟大。一个领袖所获得的结果，往往是事业的成功与人们对他的爱戴，因为获得更多的支持，所以会有更多可能去获取成功。同时因为在过程中有更多人参与其中，所以在成功的时候，也就会有更多人来分享这份喜悦。

作为中层，身上必然肩负着职责，在自己追逐目标的过程中，千万不要做一个"孤胆英雄"，只将目标放在自己心里，却不懂得与别人分担，让自己背负太多责任，却让周围的人无事可做，这样自己一路会走得非常辛苦，而对于实现团队的既定目标也无法产生太多有利帮助。

1984年，19岁的迈克尔·戴尔创立"戴尔电脑公司"。

戴尔掌管着公司的所有钥匙，由于他习惯晚睡晚起，每天早晨上班就是一件非常痛苦的事情。

如果戴尔睡过头，公司门口就会有二三十个人在门口闲晃，因此严重影响到公司的生产效率。

戴尔经过反思，决定改变这一状况，他认为虽然自己是老板，但却不一定非要做拿钥匙的人。他最终把公司钥匙交给别人保管，公司的开门时间因此也就提前了。

这仅仅是一个开始。

有一次，戴尔正在办公室编写程序，一个员工这时走了进来，"经理，我的硬币被贩卖机吃掉了，真是不幸。"

戴尔抬起头来，很不解："这种事为什么要告诉我？我正在忙我的工作。"

员工有些委屈地说："可贩卖机的钥匙在你这里，我只能向你倾诉！"

戴尔这才明白过来，最终他把贩卖机的钥匙也交给了别人。

渐渐地，戴尔发现，交出钥匙之后，自己的工作变得越来越轻松，而员工的工作热情也得到了极大提高，这真是一个两全其美的好办法。

把钥匙交给员工，看似是一件简单的事情，意义却非比寻常。钥匙代表着管理者的权威，人们不会轻易将钥匙交给别人保管。但在这个故事中，所发生的情形却截然不同。戴尔选择将所有钥匙由自己保管的时候，给他自己造成了很多麻烦，同时因为自身的一些不足，使管理不到位，影响了整个团队的工作效率。当他选择适当地将自己的一些钥匙交给员工的时候，问题得到有效解决，自己的工作状态也变得轻松许多。无意之中，让他发现了改变团队工作状态的"秘诀"。

作为公司的中层，手中必然掌管着各种各样的"钥匙"，不要总是把这些"钥匙"攥着不放。中层管理者必须要看到授权的必要，预想到授权所产生的有利后果，并且适当时候，将这些权力下放给自己的下属。这样一来，不仅可以改变自身的工作状态，而且下属们的工作积极性也会得到极大提高，这对于团队目标实现，必然会产生有利的推动作用。

亚历克斯·迪拉德是迪拉德百货集团的执行副总裁。为了优化公司的管理制度，迪拉德亲自走访多达230家的分店。在这期间，他认识到只有各个分店的经理才最知道店内货物应该摆放什么位置，货物怎样陈列才容易售出，而那些总部的指示却常常在拖分店的后腿。最终，迪拉德得出了一个结论：分店经理比公司总部的任何主管都更了解自己店里的情况。

最终，亚历克斯·迪拉德对公司的管理模式做出了改变。在新的管理模式中，分店经理获得了更多经营与决策的权力，分店经理们可以放开手脚，按照自己的意图去安排各项工作。在此之后，迪拉德百货集团的大多数分店都取得了不错的业绩，公司整体业绩也得到了显著提高。

管理改革产生效率的原因就在于分权，亚历克斯·迪拉德看到过分集中权力，只会让公司的决策者忽略掉具体的现实情况。相对而言，作为分店经理，他们又能对最具体的情形进行把握，同时又有着丰富的管理经验，将决策的权力适当下放，就成为提高公司业绩的最好方法。

在现实中，作为中层管理者，在对工作开展的考虑，一定要能舍弃掉权威的观念，舍弃掉对个人权力的过分维护，更应该看到权力背后所代表的职

责，看到自己下属在具体的工作方面所具备的优势。选择适当进行分权，才
会为自己寻找到最为合理和有效的管理手段。

任何一个中层管理者都有自己所不擅长的领域、不熟悉的方面，
如果他不能认识到问题的这个方面，那就难免会变成一个"孤胆英
雄"。他对职责的承受，会超出他个人的能力范围，他的工作开展也
会变得十分艰难。正因为能认识到问题的这一方面，所以要进行及时
授权，将自己所不擅长的方面，或者自己认为沉重的工作交给别人去
进行抉择，也许反而可以取得更好的效果。进行授权，同时也是人尽
其才、才尽其用的管理策略展示。大胆起用精通某一行业或适合某一
岗位的人，授予其充分权力，使他具有独立自主的权利，这样会最大
程度激发下属的使命感和工作积极性，这对于主管圆满完成任务，必
然会提供最大的支持。

人的精力是有限的。一个人只有一双手、一个脑袋，每天也只有 24 小
时，管理者所面对的事情又是千头万绪，如果总试图去做所有事情，那即使
累死，也不会有做完的一天，而这也正是"孤胆英雄"的悲哀。因此，一个
好的管理者应当适时将自己转变成为一个能够信任他人，并给予他们更多责
任承担的"领袖"。

消除团队中的个人英雄主义

在 1998 年足球世界杯开战前夕，法国足球主教练艾梅·雅凯告诫自己的法国队员："要么 23 名球员一起赢得世界杯，要么大家一起被踢出比赛。"

毫无疑问，足球赛中，最终胜负的决定，不在于一两个人的影响，也不是仅靠赛场上 11 名出战队员的努力，而应由包括替补队员、教练在内的 23 名球员共同努力来决定。只有球队的每一个人都意识到自己是这个团队中不可或缺的一部分，才会尽自己最大努力去完成这个球赛。只有这样一个团结的球队，才能成为真正意义上的实力球队。

作为中层管理者，在管理团队时要明白：一个团队就如同一支球队，如果想有一支高绩效团队，就必须需要团队每个成员达到亲密无间的工作状态，在每个人都保持最佳状态的前提下，才为团队取得最佳成绩提供出最好的支持。

对于中层管理者来说，个人英雄主义是他组建一个具有凝聚力团队的最大阻碍。如果管理者自己陷入"个人英雄主义的情结"之中，过多的个人表现很容易引起下属反感，这会影响他们对自己的信任。对于员工的个人英雄主义行为，虽然有时候会给组织带来有利影响，但这会影响一个团队应有的规则。无规矩不成方圆，如果每个人都只是在意自己的表现的话，那这个团队也就会失去一个团队应有的作用。

早上，张科长兴致勃勃来到单位，精神饱满，准备在今天大干一场。

他先到小陈这里，指点工作，说："小陈，收集资料怎么样了？你应该这样……"小陈只好停下工作，仔细听科长示范。然后，他又来到小张身边。看到小张，科长就气不打一处来，指着小张批评说："昨天给我写的文章，是什么啊，里边还有病句，你看就在这儿。你都是单位老员工了，以后可不能犯这样的错误。"小张的脾气向来不好，直接对他说："科长，就是一个小毛病，您自己修改了不就行了吗。""我自己改还用得着你？"科长在面对个人威严的问题上，可一点都不含糊，没有客气。转过身，他又去找别人毛病去了。

刚开始，大家对科长的命令都言听计从，不过时间一长，大家对他的脾气习以为常，反而没有那么多敬畏。他对下属的指手画脚，大家全当耳旁风。说得过分的时候，有人都敢顶撞他几句。

后来，科长威信扫地，感觉再指挥别人，只是自讨没趣。

在一个团队中，管理者必须要树立自己的威信，但这份威信并不是建立在个人表现的基础之上。像故事中所讲述的这位张科长，总是对人指手画脚，总是习惯批评别人的一些小问题，那么他很难赢得下属的尊重。一次两次，别人还可以接受他的批评，但对于长期的合作而言，他的这种性格，很难让人信服，他管理工作的开展必然会遇到种种阻碍。

曾国藩曾对"藏锋"有过精辟论述："言多招祸，行多有辱；傲者人之殃，慕者退邪兵；为君藏锋，可以及远；为臣藏锋，可以及大；讷于言，慎于行，乃吉凶安危之关，成败存亡之键也！"正所谓，灵芝与众草为伍，不闻其香而益香；凤凰偕群鸟并飞，不见其高而益高。善藏者，方能立于不败之地！作为中层领导，要改正自己停留表象的工作方式，舍弃个人的表现，换之为性格的内敛，舍弃掉对他人的苛责，换为对对方的尊重，以自己的这份真诚才能为人所接受。

一个合格的管理者，首先应该考虑的是岗位的职责，而不是个人的表现，如果总是以自己的思维与方式去开展工作的话，那他的工作开展很容易碰壁，他也很难发挥出一个团队的作用。反之，一个懂得将个人的表现放在工作职责之后考虑的人，无论是从内在的修养还是在团队管理的驾驭上，显然都要更胜一筹。把表现的机会让给自己的员工，最终所收获的是一个最为有利的结果。

不仅管理者自身的个人英雄主义行为需要禁止，对于自己下属的个人英雄主义行为倾向，也必须进行及时纠正。千万不要认为这会激发下属的工作积极性，能为团队带来更多的利益，要看到这会破坏掉团队的秩序。没有了秩序的约束，一个团队也就不能再称为团队。维护团队的秩序，无疑是一个管理者职责的根本。

小王在公司的营业部担任经理职务。一次，他的一名下属谈到了一张数额非常巨大的单子。公司有规定，超过一定数额的大笔业务，必须汇报老板，并由老板亲自参与客户洽谈。但这位下属心想，这可是自己一次难得的表现机会，最终，通过个人努力，不仅谈妥了这笔业务，还顺利与客户签单。

这位下属心想，这一定会在公司内部造成不小影响，这会对自己未来工作开展非常有利。不过，事实恰恰相反，没过多久，因为他的一个小失误，小王就解聘了自己的这位下属，因为他知道，如果所有人都认可此人的行为的话，那他也就没有办法再去管理自己的团队了。

小王的这位下属就是因为太过锋芒,惹了祸,在大笔业务面前,太想表现自己,忽视了团队的规定,弄得自己最终得不偿失,没有得到表现的机会,还因此失去了工作机会。小王的做法也非常符合一个中层管理者的角色,作为一个团队的领导者,同时也是团队秩序的维护者,要想团队能够有效运转,就必须要确保让所有人都遵守必要的规则。不能将个人的能力与成绩凌驾于团队之上,否则,你最终就会没有办法驾驭你的团队,团队失去基本的秩序,也就不会产生好的效率。

"鹰立如睡,虎行似病",这句话形象地描述了自然界两种最凶猛的动物的内敛之道。作为管理者必须收敛自己的锋芒,给下属更多展示的机会,并且尽可能地消除团队成员的个人英雄主义倾向,这样才能让自己的团队保持活力。

了解下属,并为他们找到最恰当的位置

英雄只在意自己,领袖却能了解他人。"英雄型"中层总是以自己最擅长的方式开展工作,"领袖型"中坚却能根据下属的特点,有针对性地开展工作。最后的结果是,英雄可能会屡屡碰壁,而领袖却能八面玲珑,各项工作得以顺利开展。

作为一个中层管理者,如果在工作开展过程中,总感觉有诸多不顺,在与下属沟通的过程中,总是感觉有太多不畅,那这个时候你就要思考一下你自己工作的方式是不是已经陷入了致命的个人英雄主义当中。这个时候,如

果你能适当地将自己的思路往"领袖"的方向调整一些，对下属的性格特点有更多了解，根据他们的特点有针对性地去开展工作，同样的工作开展起来就会顺利许多。

有一位战绩显赫的营长，他手下有三位连级军官，此三人的性格各不相同，但营长在下命令时有自己的一套手段和方法。

一连连长性格忠诚，视服从命令为军人第一天职。

二连连长是典型实干派，习惯事必躬亲。

三连连长虽然能力很强，但同样有极强的个性，喜欢唱对台戏，喜欢标新立异，凸显自己。

一次，接到上级攻击敌人炮兵阵地的命令，营长开始布置自己的工作。

营长叫来一连长，斩钉截铁下达命令："今晚十一点，你从左翼配合，猛烈进攻敌军炮兵阵地。"

接着，营长又叫来了二连长，说道："上级已经下达进攻敌军炮兵阵地的命令，我要求你的部队做好准备，于今天深夜十一点整发动总攻。"

然后，营长又叫来了三连长，故意对他说："关于进攻敌军炮兵阵地的计划，我私下认为我们兵力还未完全恢复，时机还未成熟，采取行动恐怕会失利。"

"不，营长，我们应该马上出击！"三连长迫不及待地回答道，"我们不可坐失良机，等到敌军势力越来越大，恐怕就要失去进攻的机会。"

一切正如营长所料，随后用肯定的口吻说："说得对，看来应该立即主动出击。"

"太好了！"三连长兴奋地说道，"我们会让您在子夜看到敌军阵地插上我军旗帜。"

最后，三个连队协同作战，一举攻克敌军炮兵阵地，取得胜利。

我们常说："十个手指不一样齐。"团队中的员工也是一样，每一个人都有自己的独特性格。因此，无论是指挥战争，还是进行管理工作，领导者都不能一概而论，要根据员工特点，选择有分别地对待。同样的工作，只是转换一下说话的方式，就可以让团队所有的成员都对自己的命令进行接受，让所有人都发挥出他们最强的力量，也就为团队的目标作出了最大的贡献。

作为一个"领袖型"中层管理者，他对自己下属的情况总是了如指掌，他更知道以什么样的方式才能最有效地去管理自己的下属。正是因为对于团队成员的这份了解，使得他比别人更能驾驭好自己的团队，让整个团队发挥出最为强大的力量。在他的领导下，团队往往会取得攻无不克的成绩，在取得一个个成绩的基础上，自己的位置也会从一个普通的中层渐渐走向公司的中坚位置。

子发是楚国一位将领，以招揽人才而出名，特别注重那些有一技之长的人。

一天，一个其貌不扬但擅长偷窃的神偷来拜访子发："听说您招揽的盛名，虽然我是个小偷，但请您收留，我愿意为您当差。"

子发见神偷满脸诚意，衣帽不整，就慌忙起身以礼相待，并待为上宾。

很多官员得知这件事后，极为不满，都来劝阻子发："江山易改，本性难移。我们怎能信任他。"

子发不予辩解，只是说："你们以后便知。"

适逢齐国进犯楚国，子发率军迎敌。交战三次，楚军三次败北。

这时，神偷来帐前求见："我有一办法，请信任我，让我去试试。"

在夜幕掩护下，神偷悄悄潜入齐营，将齐将首领的帷帐偷了出来，交给了子发。

第二天，子发派使者将帷帐送还给齐军主帅，并说："我们士兵在外出时，捡到您的帷帐，特地赶来奉还。"

齐军将领面面相觑，一时目瞪口呆。

接着，神偷又去偷了齐军主帅的枕头、头发、簪子。

子发照样派人送还。

齐军心慌起来，纷纷议论："照这样下去的话，下次就怕是我们的人头啊。"

主帅惊骇地对幕僚们说："如果再不撤退，照这样下去，恐怕子发下次送还的就是我们的人头了。"于是，领兵撤退，齐军不战而胜。

子发向神偷致谢时，神偷感慨说道："当初我来投奔你，你对我那么热情，我为你真心感动，暗中发誓要好好做人，争取为你效力。"

自此，大臣们也明白了子发当初的用意，纷纷表示佩服。

两军对阵，最需要的是身强体壮的士兵和最为锋利的武器，谁都不会想到一个让人唾弃的小偷会对战争的胜利起到什么样的作用。不过，这恰恰反衬出子发作为一个团队的领导者所具有的远见目光。不要忽视你团队中每一个普通的人，在关键时刻，他们所具有的特殊技能往往会成为扭转战局的关键所在。发掘团队成员的才能，给他们施展个人能力的空间，尽可能提升自己团队的"作战"能力，就成为管理者的根本职责所在。

其实，每个人都是不完美的，都会有这样或那样的缺点，这是不可避免的事实，但是团队却可以在一个领导者的带领下变得完美，而这所需要的就是他对下属特点的了解，并能给他们寻找到最为恰当的位置。

完美的团队中并不需要完美的个体，需要的是一个具有多元化领导风格的领导者。充分利用员工身上不同的个性、才能以及各自的特点进行优势互补，团队自然就越出色。同时，对下属身上不同的差异性的认可与包容，也能体现出一个中层管理者自身所具有的优秀性格。正是因为这份心胸，让他可以获得更多人的欣赏，正是因为他的这份气魄，可以让他在各种管理活动中胜出。

放下架子，与下属融为一体

英雄总是孤单寂寞的，他与自己周围的人，总是保持一段不可跨越的距离。工作中他保持高高在上的姿态，在生活中，他同样让人感到不可接近。与其说英雄的孤独是由时代和环境造成的，倒不如说是他自己对生活的选择。领袖则懂得与自己周围的人搞好关系的重要性。在工作中，他可能是一个非常有威严的人，不过在工作之外，"领袖型"中坚则往往是一个相当温和的人。

对于一个"英雄型"中层来说，人们可能因为工作能力而敬仰你，但是很难在生活中亲近你，无形中，也就减少了很多你与下属接触与沟通的机会。缺乏了必要的交流和沟通，也就不能对你建立起更多的信任，对工作的开展，必然会缺少很多应有的支持。

一个制造企业聘请了一位管理专长，但在技术方面却并不是很擅长的人担任经理。

因此，厂里员工对新任经理并不服气，认为他并不了解业务，对于他所提出的新的管理方案也不配合，甚至在生活中都不与他接近。

面对这一情况，这位新经理非常担忧。经过深思熟虑后，他想出了自己的应对策略。

下班后，这位新经理经常带一些小礼物到两位主管家里拜访，和他们成为朋友，和他们及家人谈天说地，偶然也会谈论工作上的一些事情。

两个月后，两位主管也开始在周末时到新经理家里拜访、喝茶、聊天，也会报告一些厂里员工的情况，并对一些问题发表出自己的看法。逐渐地，新经理对厂里的情况越来越了解了。

半年后，新经理和主管取得了更多工作上的共识，他们几乎成为了无话不谈的朋友，这显然对他们工作的开展非常有利、新任经理对自己的工作策略进行了及时的调整，也开始进行逐步的实行。

接下来，在上下班的时候，新经理经常会在厂子里四处走动，看见谁也都会主动热情打招呼。

看到车间的王组长，他就说："嘿！听说你儿子功课特棒，他的脑袋一定跟你一样聪明。"

看到李秘书，他就说："嗨！李秘书，我看见过你的男朋友在门口等你，他好帅好高！今天他来吗？"

中午时，新经理还经常和大伙儿一起用餐，有时还讲一些他和两位主管在一起的笑话。

　　没过多久，这位新经理也就不"新"了。大家最终接纳了他，在执行他新制定的管理规程的时候，也没有那么多怨气了。

　　这位新上任的经理是一个非常聪明的管理者，面对他所处的管理困境，他所采取的办法就是与自己的下属"打成一片"。工作上遇到困难的时候，他就在生活中去寻求解决。当大家对他的工作能力产生质疑并且不配合的时候，他并没有采用强制的措施让下属屈服在自己的威严之下，而是选择以迂回的方式，通过生活中的接触，让对方逐渐消除对自己的陌生感。通过进一步的接触，让下属产生对自己更多的信任，给自己员工留下一个"和蔼可亲"的印象。当大家越来越接纳他的时候，也就是他获得有利于开展工作的机会的时候。

　　对于任何一个中层管理者来说，工作中必然会遇到这样或那样的问题，在面对问题的时候，你将会成为一个身处陌路只会悲叹命运不公的"英雄"，还是一个长袖善舞，能够整合各方面力量为我所用的"领袖"？相信上边的故事，一定会对你做出最好的提示。

　　某公司运输部经理接到一项紧急任务，有一批货物需要在半天之内搬运到码头。时间短任务重，但经理手下就那么几号人，他们速度再快，再勤劳肯干，想在规定时间内达成目标也不是一件容易的事。

　　这天一早，经理亲自下厨做饭，并把饭给下属一一盛好，亲手捧到他们每个人手里。

　　一个小伙接过饭碗，拿起筷子，正要往嘴里扒，忽然一股诱人的浓香扑鼻而来，他急忙用筷子扒开一个小洞，发现三块油光发亮的排骨揠在米饭当中。

小伙立即扭过身，一声不响地蹲在屋角，狼吞虎咽地吃起来。

搬货时，小伙把货装得满满的，一趟又一趟，来回飞奔着跑，干得汗流如雨。

同时，其他的伙计也像这个小伙一样卖力，个个汗流浃背，最终，在规定的时间里，完成了应有的任务。

晚上，躺在床上，大家谈起了今天的事情，有人就问他："感觉你今天干活特别卖力啊。"

这位小伙憨厚地笑了笑，说："不瞒你说，早上经理在我碗里塞了三块排骨，我总要对得起他对我的关照吧。"

"哦，"伙计非常惊讶，"我的碗里也有啊！"

向大家一询问，才知道，在每个人的碗里，都放了三块排骨。

面对一个艰巨的工作任务，这位中层管理者采取了相对来说非常规的管理方式，他通过在生活中表达自己的关心，达到了提升团队战斗力的目的。俗话说得好，"士为知己者死，女为悦己者容"，这三块排骨也许并不重要，但经理亲自下厨去做，并亲手端到每位员工手里，这就使它意义非凡。这样的举动，必定会温暖每个员工的内心。面对工作中的苦难，又有什么会比这三块排骨显得更有分量。

我们与自己的下属之间，在工作上虽然是上下级的关系，但在生活中，大家又应保持平等的关系。作为管理者，适当放下自己的面子，以类似运输部经理这种"亲自下厨"的方式，去表达一下对下属的体贴与关照，也许可以最大程度地激发下属的工作热情，让原本艰巨的任务得以圆满完成。

作为中层管理者，一定的威严是必需的，但在一些时刻、一些场

合，也要能适当放下自己的架子，要把自己的下属当成真真正正的
"自己人"来看待，接纳他们，尊重他们，才能与他们真正融为一体，
打成一片，你的团队才会是一个有战斗力的和谐团队。如果总是不能
放下自己的架子，那么你就会成为"英雄型"的管理者，虽然保持了
自己的高大形象，但很难让下属亲近，你的团队也会成为一个缺乏凝
聚力的团队。

要勇于承担责任

英雄是完美的，不应该有任何的污点。所以很多时候，那些自命为英
雄的人，最为在意的往往是如何保持自己在人们心中的高大形象。遇到
错误与责任，他的反应却变成了推诿与逃避。但那些"英雄型"的中层
却往往想不到，当他回避责任的时候，恰恰也给他人留下了最不好的印
象。下属一旦认为你是一个靠不住的人，便不会对你有更多期望；上级
如果认识到你总在意保持自己的"完美"，便会敏锐地察觉到你无法胜任
更重要的职位。

每一个合格的"领袖型"中坚都懂得勇于承担责任的重要性。当失
误出现的时候，与维护自己的形象相比，下属对自己的信任显得更为重
要。个人形象仅仅是一种停留在表面的评价，而失去下属的尊重与信
任，自己在未来的工作中，必然会遇到重重阻力。正是出于这种考虑，
在责任面前，一个"领袖型"的中层会选择毫不回避地担当。也正是

依靠这种领袖的魅力，使得他能赢取下属对他的信任以及在团队中的威望。

一天，小李所在部门的项目总监让他与另一名新同事做一份策划，具体的执行要求要听从经理吩咐。

小李跟同事商量后，很快就将策划案的拟稿完成，拿给经理过目。经理看过后，把其中许多条款都给删除了，说是没必要。

谁知项目总监看过这份策划后，却大为发火，把策划案往小李他们面前一摔，说策划案只写了些无关痛痒的东西，重点完全没写进去。

但项目总监并不知道他所说的"重点"其实就是那些被经理删掉的内容。就在小李觉得自己委屈的时候，经理却坐在一旁一声不吭，绝口不提是自己的失误，反而还跟着总监附和说："你们就不能花点心思好好想想，怎能这样随随便便交差?"

小李跟同事又气愤又委屈，但是作为下属，也不能辩解，只好心灰意冷拿回去修改。事后，经理就当没事发生一样，再没提策划案的事，任由两个下属替自己背黑锅。

这位经理把责任推掉，虽然保全了自己一时的形象，不过他却失去了最为重要的资源，那就是下属对自己的信任。一次的回避，对自己的形象维护是有利的，但如果一旦养成习惯，那就很容易露馅儿，人们对你的品质与工作能力必然会产生明确的判断。这个时候，他就会成为一个众人口中的"伪"英雄，并且他永远也不会成为一个团队的精神领袖。

人心散了，队伍也就不好带了。你懂得将责任推诿给自己的下属，下属当然也会"聪明"地回避掉所有承担责任的可能。中层管理者总是想着如何让自己的下属给自己"背黑锅"，那下属自然也会聪明地去寻找办法，以减少自己承担责任的机会。工作当中，就会出现相互提防，相互欺诈，到最后，工作完全不能顺利开展。而最终影响的，又是管理者自己。

作为一个"领袖型"的中层管理者，不应该惧怕承担责任，在一些情况下，还要主动替下属把责任扛起来。这不是出于义气，而是希望通过这种方式，建立起上下级之间的友好关系。有了这份信任，管理者才能成为一个团队的灵魂。

一天，吴主管叫自己的下属小刘写了一篇报告递交给部门经理。经理收到报告后，没想到怒气冲冲地指着小刘鼻子说："写的什么报告？"随即就是一通批评。

此时，经常指责下属的吴主管却站了出来，说："是我要他这样写的，我也有责任！"看到这个情况，经理也不好再说什么，只是说以后注意，要求修改之后，再递交给他，就结束了谈话。

发生这件事情之后，办公室里的气氛就完全发生了改变。吴主管仍然同过去一样动辄破口大骂下属，但下属们的心态却完全不同了。大家知道，吴主管这个人只是脾气有些暴躁，但他的心仍然是为下属着想的，他只是希望大家能有更好的表现。从这个角度去思考问题，他们之间就少了很多质疑与冲突，反而还更有效地促进了工作的开展。主管和下属之间产生了信赖关系，整个办公室因此充满了朝气。

下属遇到困难或者挫折时，心理压力一定很大。上文中提到的这件发生在办公室里的小事，体现出的是吴主管愿意与下属共同承担责任的领导意识。"庇护"下属的领导意识，正是一个"领袖型"中层管理者最为重要的品质之一，这样的领导是有胆略、有主见的，这样的领导无疑会受到下属的爱戴和尊敬。

中层管理者是一个团队的精神依托，在出现问题、面对困难的时候，大家都希望你能成为那个"中流砥柱"。只有承担起足够的责任，才能树立崇高的威望。主管也是一个部门的负责人，事情没有做好，不管是谁的原因，首先不要回避自己的责任，即使错误是他人造成的，自己也应主动承担指导和监督不利的责任。出现问题主动承担，对下属来说会是一份最好的安慰，帮助他们渡过难关之后，自己收获的是对方的感激和对工作更加忠诚的态度。责任的承担，同时是个人领袖气质的一种体现，只有那些有着领袖气魄的人，才能承担这份难得的责任，这恰恰也是成为一名优秀的"领袖型"中坚所必须具备的品质。

当然，主动承担责任也是有限度的。如果中层管理者总是把下属的责任揽到自己身上，那么久而久之，某些下属便会对自己这位好领导产生依赖心理，在工作中失去独立性和创造力。而这样一来，对于下属的关爱也就变成了"溺爱"，对于下属的成长是极为不利的。

恩威并行，树立领导的威信

英雄留给人们的永远是美好形象，英雄最为在意的是人们对他的评价。对于一个"英雄型"的管理者来说，更多时候，他只要维持团队内部的稳定，就可以让他的"传说"继续流传。

对于一个"领袖型"的中层来说，他最为看重的是团队的业绩，无时无刻，他都是以这一标准对工作中的所有内容进行衡量。对于工作有利的事情，他会积极接纳，对于工作过程中遇到的阻碍，他则会毫不犹豫地清除，对此，他从不会在意自己会给他人留下什么印象。他所追求的唯一目标，就是事业的圆满完成。正是依靠这份执着，才使他能够成为公司内最为大家所信任的"中坚"。

刘伟担任一家电子公司维修部主任，他所带领的团队技术非常过硬，深得老板和顾客赏识。部门员工平日关系相处不错，闲暇时他也总和下属在一起聊天、吃饭。

有一次，在大家闲聊时，一位员工小王说道："最近公司业务不多，我们闲得都快长毛了！每个月就那点工资，没有活干就没提成，自己都不知道下个月该怎么还房贷！"

旁边的小陈也附和道："就是，实在不行，我们就去外面拉私活，可以挣点零花钱。"

小王赶紧打断小陈，小声说："别瞎说，公司有规章，员工不能瞒着公司拉私活，被发现，轻者扣除奖金，重者直接辞退！"

小陈仍不以为然："这是什么破制度啊，再说，只要不被老板发现就行，就算知道，不还有咱们头帮咱们说话呢？"听到这里，刘伟只是尴尬地笑了笑，没有多说什么。

小王最后还是没能抵制诱惑，决定和小陈去冒险。一次，他们在外面拉活的时候，正好被刘伟碰到，刘伟马上上前制止。可小陈看见他，没有慌张，只是笑嘻嘻地说："头儿，最近钱紧，以后保证再也不干了，就饶了我们这一次吧，别和老板反映。"

刘伟考虑这也不是什么大事，并且他们平时工作都很卖力，也就没把这事放在心上。不过小王和小陈可没有这么想，他们认为自己的行为已经得到刘伟的默许了，胆子越来越大，拉私活的事情越来越多。

天下没有不透风的墙，很快这事就传到了老板耳朵里，老板在证实这件事的同时，发现了一直都很器重的刘伟竟然欺瞒自己，经过一番考虑之后，忍痛割爱，将刘伟调离了管理岗位。

这个故事就是要告诉我们：作为管理者，要时刻记住自己的身份，虽然要注意与自己下属的团结，但也不能忽略彼此之间的距离。不能为了贪图给别人留下一个好印象，就让人情高于制度，否则，你就再也没有立场以一个管理者的身份去掌控这个团队了。制定并遵守制度，是一个管理者首先必须具备的品质。在人情面前不妥协，公司制度才能发挥作用，公司的运营也才得以顺利进行。在制度的保障之下，管理者的个人威信也才有用武之地。

聪明的主管非常懂得恩威并施，不仅能严格执行公司的各项规章制度维护自己的威信，同时他也不会得罪自己的下属。在工作面前，他会变得"铁面无私"，人们一时也许会难以接受，但时间一长，必然会对你的这份严格，产生一份钦佩。在生活中，当员工遇到麻烦的时候，他又会及时伸出援手，关心他们的生活与工作状况。有了这些人情，与员工相处必然更为融洽，工作得以顺利开展，公司的制度也能得到贯彻执行。

权威与人性化管理两者之间，其实并不存在矛盾。人性化管理不是以牺牲权威为基础的，同样，权威的建立，也不会损害人性化管理的实施效果。这两者非但不是矛盾关系，反而在很多时候是相辅相成的。作为领导者，只有正确认识到两者之间的关联，以及与自己责任之间的关系，才能游刃有余处理自己所遇到的各种事情。

对于一个团队来说，必须建立明确的责任制度，这样才能让所有员工为自己的行为找到依据。谁犯了错误，谁就要负责，绝对不能得过且过，该接受惩罚也绝不姑息养奸，这样才能维护一个团队应有的秩序。管理者就是团队秩序最主要的代表，只有树立起足够的威信，才有能力去带好这个队伍。

从"权力型"变为"影响型"

修炼隐形影响力

权力只能使人暂时口服，而隐形的影响力却能使人心服，真正的领导能力来自让人钦佩的人格魅力。没有人格魅力，领导者的执政能力难以得到完美体现，其权力再大，工作也只能被动地进行。因此，一个拥有强大隐形影响力的中层，才是一个企业的中坚力量。

学会控制自己，修炼自己的自控力

人，最难战胜的其实是自己。古人说道："成人不自在，自在不成人。"职场中的人肯定是"不自在"的，更何况是担负着"管人"职责的中层领导呢。因此，要想让下属乐意在自己的领导下工作，要想自己有权威、有影响力，就必须要学会自律。

世界上没有完美的人，正如一位哲人说的："没有不带刺的鱼，同样也没有不带缺点的人。"每个人都会有自己的不足和缺点，一个优秀的中层一定要充分认识自己，承认自己的缺点，不断地克服自己的这些缺点，比如惰性、情绪化，等等。

中层领导一旦纵容了自己，就会任由今天的工作拖到明天，任由自己的坏脾气随便发作，等等，最终在下属眼里失去威信、失去尊重，也就失去了影响力。试想，一个连下属都看不起你的领导，还有什么权威可言呢？所以说，自律是领导力得以发挥的关键。

自律是最难以获得的品质之一，因为自律就是要求我们每个人管住自己，战胜自己。正因为很难，所以才更加可贵。因此，一个有自制、自律能力的领导者也就能得到下属更多的尊重。

郑芳芳在国内某家数码器材公司做销售工作。她从基层工作干起，每天起早贪黑，遇到周末休息还经常主动加班加点，除了常规的电话销售，她还经常有针对性地上门拜访顾客。她的努力获得了收获，业绩渐渐地好了起来。后来公司提拔她做了区域经理，带领一支团队做业务。

最初带领团队的时候，郑芳芳还很自律，跟下属一样按时上下班，甚至还会早来晚走，付出了很多努力。但是后来，她渐渐变得懒惰起来，每天迟到早退，工作的时间也只是坐在办公室里喝茶看报，悠闲得很，只让下属努力工作，自己享受起"胜利果实"来。

很快，下属们就对她有了意见。他们认为，作为部门主管，应该帮着团队里每个人成长，可是郑芳芳却坐享其成，自己都不遵守自己制定的规章制度。因此，下属们也开始对她阳奉阴违起来，导致整个部门的业绩直线下降。

在做业绩测评的时候，郑芳芳带领的团队排名垫底，结果上层领导撤销了她的职务，她又一下子回到了原点，只能从头开始更加艰苦地奋斗。

成功需要很强的自律能力，无论一个人有多么过人的天赋，如果他不自律，就绝不可能把自己的潜能发挥到极致。也没有任何人可以在缺少自律的情况下维持住成功的状态。有一项调查结果显示，很多犯人之所以会身陷囹圄，多半是因为他们缺乏最基本的自制力。一个中层领导只有先具备了自律能力，才能去影响别人。

比尔·盖茨曾说："我个人以为，既然想要做出一番事业，我们就不能太善待自己，只有自律的人，才能够最后取得事业的成功。"

美国得克萨斯州有一位"石油大王"名为保罗·盖蒂（JEAL PAUL GETTY），他在 1976 年 6 月 7 日去世，享年 83 岁。他生前就是一个非常自律的人。

曾经有段时间，保罗·盖蒂吸香烟吸得成瘾，有时候烟瘾上来不吸就无法做别的事情。有一次，他在一个小城的旅馆里过夜。清晨两点钟的时候，盖蒂醒来后烟瘾犯了，他想抽烟的时候发现烟盒空了。怎么办呢？这时候，旅馆的餐厅、酒吧早就关门了，而且外面还下着大雨，要想抽烟，除非冒雨到几条街外的火车站那里去买。

盖蒂穿好了衣服，在拿雨衣准备出门的时候，他突然问自己："我这是在干什么？"他反思自己，"一个所谓相当成功的商人，一个自以为有足够理智还领导着一群下属的人，竟要在三更半夜从床上爬起来，冒着大雨走过几条街，仅仅是为了得到一支香烟？我不应该成为这种嗜好的奴隶！"

于是，盖蒂下定了决心，然后换上睡衣回到了床上，仿佛得到了解脱一样，只用了几分钟就进入了梦乡。

自从那天晚上以后，保罗·盖蒂彻底把烟戒了。后来他的事业越做越大，成为世界顶尖富豪之一。

职场如逆水行舟，稍有松懈，放纵了自己就容易导致失败。如果一个人选择了纵容自己，也就等同于选择了放弃自己。对大多数人来说，自律的养成是一个长期的过程，不是一朝一夕的事情。像盖蒂那样的顿悟容易做出，但是坚持却不容易，这需要锻炼和培养。

著名的投资大师巴菲特说："如果你不学会在小的事情上约束自己，你在大的事情上也不会受内心的约束。"一个没有强烈自律能力的人，就像一辆没有制动系统的汽车一样，在随心所欲中毁掉自己的美好前途。

在职场中行走，我们一定要有自制力，绝不能纵容自己，否则就会尝到苦果。要培养自律能力，可以尝试以下做法。

第一，不要为自己找借口。

一个中层领导，如果轻易为自己的失误或者惰性找到原谅自己的借口，那么他已经开始放纵自己了。领导者想培养自律的品质，首先要丢掉自己的借口，不要给自己留下推脱的后路。

第二，控制好自己的情绪。

"冲动是魔鬼"，情绪激动状态下的人经常会失去理智，而一时的冲动很有可能会断送自己的大好前程，造成严重的后果。比如，当下属犯了错误，一定要学会制怒，人们常说小怒数十下，大怒数千下，就是说要等心平气和的时候再开口说话，以防止说出不理智的话。

第三，制订自律计划。

最了解我们的还是自己，自己有什么缺点自己最清楚。面对缺点，可以制订针对性的计划来培养自己的自律能力。比如，喜欢睡懒觉的可以用闹钟提醒自己，喜欢发脾气的可以在怒火中烧时对着镜子深呼吸，看看自己扭曲的面容，往往很快就能冷静下来，等等。

自律是一种品性，是可以培养出来的。只要中层领导者有目的地培养自己的自律能力，就能将自律变成自己的资产。

总之，对于中层领导来说，自律至关重要，尤其控制自己的性格缺陷和欲望。因为一旦失控，就会变得随心所欲，结局必将一败涂地，不可收拾。必须牢记，只有不断在自律中行动，才有可能使自己成为一个优秀的中层领导，让下属们佩服尊重。

善于倾听，提升个人魅力

现实生活中，我们常常会有这样的感觉：有些领导平时沉默寡言，就像不存在一样，但是他们却有不可抗拒的感召力和影响力，下属们愿意接受他的领导，他的命令执行得都很彻底到位。同时，还有另外一些领导，平时总是喋喋不休，跟员工"沟通交流"得很多，但是下属们执行起他的命令来却总是走样。

其实，那些滔滔不绝的领导说好听一点叫口才好，说难听了就是絮叨、婆婆妈妈。领导的个人魅力和影响力不在于你多能说。说得越多，你暴露的想法就越多，手里的底牌也就越少。从某种程度上来说，中层领导跟下属之间存在着一种博弈关系，底牌少了，又如何能赢？

而那些善于倾听的领导们，反而常常能抓住下属们心中所想，或者让下属们说痛快了，宣泄出不良情绪，从而疏解了矛盾。这样善解人意的领导，又怎么会得不到下属们的拥戴呢？

李先生是一家单位的中层领导。有一段时间，赶上经济低迷，市场环境非常严峻，李先生领导的部门的业绩受到严重影响，下属们的情绪也很低落。为了改善情况，李先生决定彻底对销售体制进行改革，对下属们做一次"大手术"式的调整。

这个想法刚透露出来的时候，下属们都非常反对，他们害怕自己的既得利益被剥夺，甚至有些业绩差的员工担心自己被裁撤，结果下属们抱起团来抵制他。

李先生为了更有效地与下属沟通，召集了所有的下属进行商议。会议一开始，李先生就说："今天开这个会，是想知道大家对于这次变革销售体制的想法，请大家各抒己见。"然后便不发一言，掏出本子准备记录。

一开始，下属们"群情激奋"，但是在他们发表各自意见时，李先生始终一言不发，静静地坐在一旁倾听。等到下属们说了半天，发言都结束了，李先生才详细地说明了新的销售体系的运行方式。

根据这个体系，大部分人员的利益得到了保证，只是很少一部分人的利益受到了影响，因为李先生要交代这几个下属去开拓新市场，显然这是一件很困难的任务。刚刚交代完毕，这几个下属就开始抱怨"困难如何大""条件如何差""时间如何紧"。李先生对此没有任何表示，保持着沉默，这几位下属说着说着就不说了。最后他们表态："好，我们一定完成任务。"

李先生的下属们最终都主动地对他的新方案表示理解与支持，应该说，主要是因为他懂得倾听的成功。通过"倾听"，李先生表达了对他们的尊重与理解，消除了下属们的不满，最终赢得了他们的理解与支持，也使自己的新体系得以推行。

一个中层领导，要实现对下属的有效领导的手段确实不少，但如果仅靠行使手中的职权实施压制，下属们虽然会慑于权势，被动地接受领导，但是跟他们心甘情愿地去完成任务，效果肯定是不一样的。

中层领导要学会提升自己的影响力，利用自己的影响力去实现对下属们更加完美的领导管理，这才是优秀中层应该选择的管理方式。这就要求中层领导要学会提升自己的个人魅力，而善于倾听、少说话也是一种提升个人魅力的手段。

人们常说，沉默是金。这句话道出了中层领导管理艺术的一条真谛。当然，沉默并不是一味地不说话，而是一种成竹在胸、沉着冷静的姿态。以倾听来疏解下属们的"怨气"，以沉默来表现自己决胜千里的自信，这种沉默和倾听不仅无损于领导者的威严，反而会使你在下属面前更有威望。

正所谓，不飞则已，一飞冲天；不鸣则已，一鸣惊人。如果平时就婆婆妈妈、絮絮叨叨，下属们的耳朵都起了茧子，谁还会重视你的命令，认真听你的指示。但如果平时以沉默和倾听居多，那么当你说话的时候，下属们不仅有一种期待，更会从内心里认定你说的话将会很重要，从而会自觉地"听话"。

是的，即使一个人口才再好，滔滔不绝、舌灿莲花，但是如果你本人没有任何魅力，没有任何影响力可言，又怎么能让人信服呢？一个中层领导，在下属的眼里自然"高人一筹"，如果你像一个长舌妇一样整日夸夸其谈、喋喋不休，恐怕只能使自己在下属们眼中的形象一落千丈。

少说多听的领导者，其实都懂得"深藏不露"的好处。不轻易表露自己的观点、见解和喜怒哀乐，就不容易被下属窥视自己的底细和实力。这样下属就难以钻空子，会觉得上司神秘莫测，从而产生畏惧感和信服感，这对领导者管理下属是很有利的。

要知道，如果缺乏优秀的品格和个性魅力，领导者的能力和口才即便再出色，下属们对他的印象也会大打折扣，他的威信和影响力也会受到负面影响。而少说多听既能让下属们感觉到你对他的尊重，又能产生一种"神秘感"，这样才能增强自己的隐形影响力。

以身作则，给下属树立一个好榜样

中国香港某著名企业家在总结他多年的管理经验时说："如果你想做公司的老板，简单得多，你的权力主要来自地位，这可来自上天的缘分或倚仗你的努力和专业知识；如果你想做公司的领袖，则较为复杂，你的力量源自人格的魅力和号召力。"

可见，一个中层领导对下属的影响力，起决定作用的不是权力，而是个人魅力。真正的领导能力来自让人钦佩的人格魅力，没有人格魅力，领导者的执政能力难以得到完美体现，其权力再大，工作也只能被动地进行。而个人魅力包括很多方面，比如自己具备的素质、品格、作风、工作方式，等等。

2005 年，中国人力资源开发网及相关网络媒体联合发布了 "中国企业员工敬业指数 2005 调查问卷"，此问卷的调查对象是中国境内在职人士，通过调查分析发现，我国员工敬业度的整体水平不是很高，多数员工并没有表现出积极的 "爱岗敬业精神"。

其中，"直接上级的管理水平" 仅次于 "员工职业发展机会"，是影响员工敬业度的较为关键的因素。据调查，75% 的优秀员工之所以离开公司是因为他们受不了顶头上司。而公司的认可程度、公司的福利待遇、工作挑战性、个人的职业化程度等依次位居其后。也就是说，中层领导会直接影响下属员工个人和团队的成长。

杰克·韦尔奇曾经提出，任何一家公司若想在竞争中取胜，必须设法使其员工敬业，因为对企业而言，员工敬业度是一个非常重要的指标，与其经营业绩有着密切关系。而在一个部门之中，一个领导者要想下属们敬业，首先就要增强自己的个人魅力，增强自己的威信，让下属们愿意努力去工作。要想做到这一点，就要求中层领导要身先士卒，为下属们树立一个好榜样。

国内某电脑公司总裁一直把"其身正，不令而行"这句话放在办公桌上，勉励自己身先士卒，做下属们的榜样。他带领下属，由 20 万元起家，发展成为今天有上百亿资产的大型集团公司，成为了中国电子工业的龙头企业。

他曾为自己的企业定下了一条规则，开 20 人以上的会迟到，要罚站一分钟。这是一项很严肃的规定，这一分钟是很严肃的一分钟，任何人必须执行。事情很巧，第一个被罚的人正是该总裁原来的老领导，两个人都感到很尴尬。罚吧，老领导年纪也不小了，自己心里也过意不去。

于是，该总裁低声地跟他的老领导说："您先在这儿站一分钟，今天晚上我到您家里给您站一小时。"

而该总裁本人也被罚过三次，其中有一次是他被困在电梯里，咚咚地敲门希望有个人听到帮他请个假，敲了半天也找不到人，后来出来了没作任何解释还是自觉地被罚了站。

该总裁总结成功经验时说："创业的时候，我没高报酬，我吸引谁？就凭着我多干，能力强，拿得少，来吸引住更多的志同道合的老同志。"

该总裁就是这样，要求别人做的，首先自己做到；禁止别人做的，自己坚决不做。正是如此，他真正地发挥出领导的影响力。反过来说，作为领导连自己都做不到或不愿做的，却要求下属执行，就是典型的只许州官放火不许百姓点灯，那是没有一点点说服力的，这样的领导不会有任何影响力，下属们的执行也不会一丝不苟。

古人曾经说过："己所不欲，勿施于人。"这句话的意思是说，只有自己愿意去做的事，你才能要求别人也去做，自己都不愿意去做的事情，又凭什么要求别人做好呢？同样，作为领导者也必须以身作则，给下属树立一个好榜样，用无声的语言说服众人，才能让下属们愿意服从管理。

色诺芬是古希腊哲学家，他 26 岁就当选为希腊将军带兵作战。有一次战斗，他们前面有好战的土著人，后面有波斯的追兵，军队必须加快速度抢占制高点才能摆脱困境。

骑在马上的色诺芬大声鼓励他的军队："士兵们！"他喊道，"加快速度！要知道你们现在是在为希腊而战，为你们的妻儿而战！稍加努力，前方的路就会畅通无阻！"

这时，一个叫索特里达斯的士兵反对他说："色诺芬，我们不在一个水平上。你骑在马背上，而我却拿着盾牌，早已疲惫不堪。"

色诺芬本可以理直气壮地把这个质疑自己的士兵抓起来，然后处罚他。但他没这么做，而是立即从马背上跳下来，把索特里达斯的盾牌取下来拿着，徒步前行。

看到这一幕的其他士兵对索特里达斯怒目而视，向他扔石头、咒骂他，直到迫使他拿回自己的盾牌，让色诺芬重新骑上马指挥才算作罢。

士兵们士气高昂，他们终于先于敌人到达了制高点，成功地进入底格里斯河边肥沃的平原。

　　绝大多数的中层领导者都非常希望自己的下属们如臂使指，做到令行禁止。但反过来，下属们也希望自己的领导处处以身作则，而不是只会张张嘴指挥别人。"喊破嗓子，不如做出样子。"只有领导身先士卒，下属们才会真正折服，死心塌地地跟着你。正如著名管理学家帕瑞克所说的，"除非你能管理'自我'，否则你不能管理任何人或任何东西"。

　　中层领导要想有一个光明的前途，必须带领自己的下属团队做出不俗的成绩，必须让下属们全力配合自己做出出色的业绩才行。美国前副总统林伯特·汉弗莱说："我们不应该一个人前进，而要吸引别人跟我们一起前进。这个试验人人都必须做。"然而，如何让下属们死心塌地跟着你向前走呢？

　　很简单，让自己成为他们的好榜样。身教重于言教。领导者的行为本身就是一把尺子，下属就是用这把尺子来度量自己的。领导者要处处为下属树立一个高标准，而榜样的力量是无穷的。领导的行为值得模仿，下属们就会做得好，反之，也必然是上梁不正下梁歪，整个团队都没有前途可言。

勇敢地承认自己的错误

人皆有过，如何正确面对自己的过错，是一个值得探讨的话题。一些中层领导在做错的时候往往不愿意承认，要么掩盖错误自圆其说，要么过多强调客观因素，这都是在为自己辩护。其实，领导者若没有勇气去承担责任，承认错误，只能使自己在下属面前失去威信，被下属鄙视。试问，这样的领导，其影响力又能有多少呢？

一个人做错了一件事，最好的办法就是老老实实地认错，而不是去为错误找出冠冕堂皇的理由，为自己辩护和开脱。日本最著名的首相伊藤博文的人生座右铭就是"永不向人讲'因为'"，讲"因为"就是在推脱责任。试想，要是有事时你把责任推给下属，哪一个下属愿意跟着一个不敢担当的人干？

某单位一位非常受下属爱戴的中层曾说："有一次，我骂一个员工凶了一点，伤他自尊了，第二天我意识到这个问题，就给他发了一个邮件，向他道了歉。这个员工感动得不得了，在以后的工作中非常认真努力，帮了我很多忙。我现在觉得，有错误主动跟大家检讨，不会丢面子。领导者勇于承担责任，这是一种职业的责任感，是一种胸襟。"

丹诺先生是纽约《太阳时报》的主笔，他有一个习惯，就是在读稿时，喜欢把自己认为重要的段落用红笔勾出来，以提醒排校人员这是精彩的段落，切勿遗忘。

有一天，丹诺先生写了一篇文章，其中有一段文字，大致意思是说："本报读者维恩先生送给我们一个红彤彤的大苹果，令人惊奇的是，在苹果上面还有一排白色的字，仔细一看，原来是对我们主笔的美好祝福。这真是一个奇迹！我们在惊喜之余，不由得猜测，这些文字到底是怎样出现在苹果上的。亲爱的读者们，你们知道吗？"他觉得这段文字非常精彩，特意用红笔勾了出来。

一位年轻的校对员拿到这篇稿子，他是一个常识丰富的人，看到这段被红笔勾出的文字不禁感到好笑。因为他知道，对大多数人来说，这些苹果皮上的字迹根本不算秘密，只要趁苹果没有成熟时，用纸剪成字形贴在上面就行。这样等苹果成熟时，再将纸揭去，就可以显出上面的字。

因此，这位年轻的校对员认为，如果把这件事当作很"神奇"的事情来报道，一定会被人讥笑的，因此，他便将这段文字删掉了。

第二天一早，丹诺先生看了报纸之后，发现他那篇《奇异苹果》中很精彩的一段被删去了，非常生气。他质问校对员："昨天原稿中我用红笔勾出的那段关于奇异苹果的精彩文字，哪里去了，是不是被你删去了？"

那位校对员一看主笔发了脾气，便小心地说出了自己的理由。听完之后，丹诺先生立刻用十分诚挚的语气道歉说："原来是我错了，我还以为大家都不知道这事呢？你做得十分正确，我向你道歉。以后再有这种情况，你仍然可以自己决定如何取舍。"

人无完人，没有人会不犯错误，包括领导者在内。丹诺坦然承认错误的经验值得借鉴，如果犯了错误而拒不承认，才是可怕的、愚蠢的。一个中层领导者坦然承认错误正是勇于担当的表现，这要比为自己争辩明智得多。

戴尔·卡耐基这样说过："即使傻瓜也会为自己的错误辩护，但能承认自己错误的人，更会获得他人的尊重，而且有一种高贵怡然的感觉。"是的，作为中层领导者，应该以更高的要求对待自己，要敢作敢当，不要逃避和狡辩，这样才能让下属们尊重。

著名遗传学家弗朗西斯·柯林斯（Francis Collins）曾担任美国国立卫生研究院（NIH）人类基因组研究所所长，当时事业有成，前途无量。

当时他的实验室里一位医学和哲学双博士学生向一个学术杂志投了一篇文章，但是杂志认为这篇文章盗用了其他学者文章中的图表，给他退稿了。本来这是他下属的个人行为，但是他迅速写信给另外几个杂志社，把署有这个学生名字的其他 5 篇已经发表的文章也全部撤回。

然后，他承担起自己的责任，把这个造假的学生开除了，然后写了 2000 多封信给相关领域的科学家们，告知在他的实验室发生了造假事件，向大家道歉。这种做法虽然对弗朗西斯本人和实验室的名誉有很大损伤，但他仍然做了。

虽然，短期内弗朗西斯遭受了损失，但是后来人们对他勇于认错的行为反而钦佩有加，因此，他被认为是一位很有科学道德修养的科学界领袖，做了一件对科学界很有益的事情。

一个中层领导者往往很注重自己的"权威"，有时候，为了维护这种所谓的权威，即便是自己错了，也不轻易低下头来承认，因为担心自己承认了错误就破坏了自己在下属心目中高大伟岸的"领导形象"。

其实，这样的想法恰恰是错误的。利用权力的压制或许可以让你的下属们对你拒不认错的行为表示沉默，但却绝对无法得到他们的尊重和拥护。在很多时候，勇于认错，并不是在降低你的威信，相反，勇敢地认错，恰恰可以把你的形象塑造得更加高大。

一个中层领导者能够主动承认错误，本身就表现了自己的勇气与责任感。当我们错了，就要迅速而诚恳地承认。如果能坦然面对自己的弱点和错误，承认它而不是回避它，改正它而不是隐藏它，那对你今后的工作是很有好处的事情。

对于下属而言，一个有担当、勇于承认错误的领导，是坦荡的、可信的、值得尊重的。他们只会更加佩服你，只会对领导的印象更好。下属们对于死不认错的领导，是一定不会有好感的。

所以，当我们犯了错误的时候，就要真诚地、勇敢地承认，并承担起自己的责任，在今后的工作中更加努力谨慎，让自己变得越来越完美。这样的领导才能真正实现从"权力型"中层到"影响型"中坚的华丽转身。

令出必行，严格执行团队纪律

通用电气前首席执行官韦尔奇在 20 世纪 90 年代推动企业变革时发出的呼吁：通用电气的领导者必须懂得，一定要鼓舞、激励并奖赏最好的 20%，还要给业绩良好的 70% 打气加油，让他们提高进步，还必须下定决心，以人道的方式换掉那最后的 10%，并且每年都要做。只有如此，企业才会更加兴盛。

对最后被换掉的 10% 的下属们来讲，再人道的方式恐怕也不如不换掉的好。但是，管理制度要发挥最大作用，必须做到令行禁止。

中层领导要记住，没有人情的管理是糟糕的，但是没有纪律的管理也是失败的，纪律是你维持秩序的尚方宝剑，必要的时候可以用它来打击那些敢冒团队之大不韪的人，杀一儆百，通过牺牲个别人来拯救整个团队。

去年，李女士担任了广东省东莞市的一家民营高科技企业的行政人事主管一职，负责管理公司的行政、人事、办公室、后勤四大块事务。

在她上任之初，该公司存在的问题很多，多数员工工作热情极低，上班玩电脑游戏成风。从普通员工到某些部门主管，都喜欢玩一款以积分、等级、故事等手段闯关和升级的游戏。

甚至有些员工通宵达旦地玩也不够尽兴，上班时候还偷偷地玩。

该公司以前的制度错漏百出，从里面根本找不到限制员工上班玩电脑游戏的条例。在这种情况下，由基层员工到中层的部门主管都玩得不亦乐乎。

李女士经过两个月的明察暗访，基本上把握了公司的情况，接下来就通过公司宣传栏动员全体员工对修订新的制度提出建议，开始修改公司的基本法，做到有法可依。一周后，李女士整理了宣传栏上的有参考价值的建议，取其精华，去其糟粕，还增加了"公司计算机管理规定"部分。其中有一条"无论任何时间，严禁在公司电脑里安装电脑游戏和使用公司电脑玩电脑游戏。如有违反，记大过一次，两次扣发全年奖金，三次开除处理"。总经理仔细审阅完草案后，对其中几处小问题修改，签名审批，开始实行。

然而，员工只收敛了几天，就又故态复萌。经过调查，李女士发现，员工之所以如此疯狂地上班玩游戏，离不开"榜样"的影响。其中生产科、质检科、质保科和市场科的主管都喜欢在上班时间玩电脑游戏。普通员工看到他们玩没事，自然也就有样学样，李女士决定杀一儆百。

一天早上，李女士和培训专员以及电脑科主管组成检查小组，到办公室进行突击检查，当检查到质量保护科办公室时，发现该部门主管王先生正手忙脚乱地舞动鼠标和键盘，但还没来得及关闭网络游戏画面。在王主管承认玩游戏的事实后，李女士果断对他的行为给予了记大过的处罚。

结果，这一下杀一儆百起了立竿见影的效果，员工们再也没有上班玩过游戏。

当一个团队陷于无序状态、领导者的命令无法产生效果时，怎么办？其实，下属们都是抱着法不责众的侥幸心理，认为你不能把他怎么样。在这样的情况下，身为中层领导的你，就不能再有妇人之仁。

该用大棒的时候，就要亮出你的大棒，你有这个权力，就不妨抓住一个错误最严重的人员，把他打造成一个反面教材，狠狠打击。这种杀一儆百抓典型的做法，一定会镇住其他人。严惩这个典型，会让其他人员产生"领导来真格的了"的想法，其威慑力不容小觑。

《三国演义》第一回记载，20 岁的曹操担任了都尉职务。对于这位年轻军官，很多人表面上虽然恭敬，内心里并不怎么信服。曹操深知，要使下属和民众信服，就必须树立自己的权威。

曹操决定从"令出必行"着手，严格执行纪律。于是，他弄了一套五色棒，然后把这代表法律威严的刑具放在城内的 4 个门旁。他宣布，凡是有人违犯禁令，不管亲疏远近，也不管地位高低贵贱，一律以五色棒痛打。

然而，总有人不信邪，不久，就有人以身试法。那次曹操带兵巡夜时，发现有人违犯军令，在晚上提着刀到处乱跑。抓到之后，发现这人是个身位不低的人，他是中常侍蹇硕的叔叔。曹操的手下开始有点不知所措，都等着看曹操怎么处理。

没想到曹操毫不犹豫，一声令下，命左右以五色棒痛打一顿。从那以后，再也没有人敢怀疑曹操的权威了。

一个中层领导，也许最头疼的就是面对众多不听话的下属了。因为如果你责备整个团队，将会使大家产生分散责任的感觉，他们是不会受到多大触动的，甚至，因为"大家都错了"，他们反而可能会觉得自己没有错，是领导错了。

所以，这样的情况，你不可能全部惩罚，一定要抓住一个典型，狠狠打击，杀一儆百。只有这样惩戒严重过失者，才能引起别人的警醒。并且，中层领导在下属眼里也不能成为老好人，那样会使你威严尽失。但如果你能采取果断措施惩处那些个别扰乱纪律、不服管教的害群之马，你的威信就会很快树立起来。反之，如果考虑到法不责众而优柔寡断，那么你的威信就将大大降低，管理工作也就走到尽头了。

做一个有人情味的领导

作为一个企业的管理者，如果有人问你"世界上什么投资回报率最高"，你会如何回答？日本麦当劳社长藤田田在所著畅销书《我是最会赚钱的人》中谈道，他将他的所有投资分类研究回报率，发现感情投资在所有投资中花费最少，回报率最高。

在世界上的任何一个国家，都会讲人情，而中国是一个人情味非常浓的国家，因此，优秀的管理者善于对员工进行感情投资。通过感情投资，下属会感觉自己受到了尊重和关爱，会产生知恩图报的心理，因而愿意尽己所能，配合好领导的工作。从某种程度上来说，感情就是生产力。

日本麦当劳社长藤田田的信条是：为职工多花一点钱进行感情投资，绝对值得。感情投资能换来员工的积极性，由此所产生的巨大创造力，是其他任何投资都无法比拟的。

日本麦当劳汉堡店每一位员工的太太过生日时，总裁藤田田都会让礼仪小姐把花店送来的鲜花送上门。虽然这束鲜花的价钱并不贵，然而却表达了一种尊重和深厚的感情，结果太太们的心里都很高兴："甚至连我先生都忘了我的生日，想不到董事长却惦记着送鲜花给我。"然后，太太们自然会鼓励自己的丈夫在公司里尽心尽力工作了。

而且，藤田田还有一项创举：把员工的生日定为个人休息日，生日就是他们的假期。这样他们就可以和家人一同庆祝，尽情欢度美好的一天。

藤田田还特别在银行里以员工们太太的名义开户头，除了在每年 6 月底和年底给员工们发放奖金外，每年 4 月还加发一次奖金。这个月的奖金是一份特殊的奖金，它叫作"太太奖金"，先生们不能经手，直接交给他们的太太。

若是员工仍然单身才直接发给他们本人，并鼓励他们早日找到自己的伴侣。藤田田将奖金分别存入各个户头后，还附上一封做工精致的道谢函："由于各位太太的协助，公司才会有这么好的员工，才会有这么好的业绩。虽然直接参与工作的是先生们，可是，正是因为你们这些贤内助的无私支持，先生们才会心情愉快地投入工作。"

除了这些措施，日本麦当劳还每年支付巨资给医院，作为保留病床的基金。这样，即使在星期天，当职工或家属生病、发生意外时，就不会被耽误，可以立刻送到指定医院接受治疗，避免多次转院带来的麻烦。

有人曾问藤田田，如果员工几年不生病，那这笔钱岂不是白花了？藤田田回答："只要能让职工安心工作，对麦当劳来说就不吃亏。"

正是这些感情投资，使得藤田田手下的员工都兢兢业业，恨不得把企业当成自己的一样。而藤田田本人不仅仅受到了员工的爱戴，就连员工的家属们都经常写感谢信给他。

感情投资起到的激励员工、凝聚人心的作用是毋庸置疑的，这样的管理手段，已经上升为一种艺术了。部门管理者的感情投资，折射出无与伦比的亲和力，能够让下属体会到只有亲朋好友之间才有的浓浓的人情味。下属们会因此以极大的热情和动力去工作，这不正是管理者领导力的体现吗？

所以说，领导力并非一定要在严厉的制度和威严冷漠的权力中得到体现。冷冰冰的制度确实让人畏惧，但同时也让人避而远之，因为感觉不到领导者的温暖。但现在，仍然有很多中层管理者对员工感情投资的重要程度认识不够，甚至领导人还会刻意压制自己的感情，这就使得下属跟自己总存在着冷冰冰的隔阂。

要知道，物质无法代替感情，下属们也不仅仅是为了金钱而工作的。每个人都有互相交流感情的需要。就中层领导来说，要带好自己的部门，就不能无视员工的感情需要。领导要学会对下属进行感情投资，让下属在内心深处会对你心存感激，这样他才愿意更加尽心尽力地在你的领导下工作。

马原今年四十多岁，是某大型 IT 公司的一名普通的清洁工。清洁工是一个最容易被人忽视的职位，很多人都对他们视而不见。

然而，就是平时没人重视的马原却一下子成了大家关注的焦点。原来，一天晚上，马原做完清洁工作离开公司的时候，发现有人正在偷公司的车，他并没有因为事不关己而不闻不问，反而像看护自家财产一样，把小偷打跑了，一下子成了公司里的勇士和功臣。

对于这个平时无人注意的同事的"壮举"，很多人不理解。事后，在被人问到为什么这样做的时候，马原的答案却出人意料，他说："当公司的经理从我身边走过时，总会不时地赞美我说，'你的地扫得真干净'。"

就是这么简简单单的一句话，就是这样不经意的肯定，感动了这个员工，使他感受到了企业对他的关爱，产生了强大的使命感与奉献精神，这就是感情投资的力量所在。很多领导者只重视对下属的物质激励，而忽略了他们的情感需要，这是片面的。领导力来自于亲和力，感情投资比物质激励更能笼络人心。

约翰·钱伯斯是思科系统公司总裁兼首席执行官，他的工作虽然非常忙，但是他每年都会花上好几次的时间，抱着一大堆冰激凌或者糖果、小礼品之类的东西，到总部的员工办公室，和下属进行轻松悠闲的对话。而下属们收到他的小礼物，都感到非常快乐和满足。

有人不理解他为什么拿些小礼物或食品过去，他说，那样做可以削减严肃的工作气氛。跟下属交流时会显得更自然，消除他们的紧张感和距离感，拉近彼此的距离。

一个优秀的、拥有巨大影响力的中层领导，一定是人情味很浓的领导。而那种像铁板一样拘泥于条条框框，不知亲和力为何物的领导，是最惹人讨厌的。因此，优秀的领导应当善于对下属进行感情投资，打造自己的亲和力，进而增强自己的影响力。

勇于为下属的错误埋单

作为企业的中层领导，自己部门里的员工犯错，是不可避免的事情。那么下属犯了错，是不是要他自己去扛起来？作为部门负责人的你是否也要负责呢？毋庸置疑，即使下属犯了100%的错，中层领导也要站出来，承担80%的责任。这是勇于担当的素质，你是一个团队的带头人，下属的行为是在执行你的命令。有功劳的时候有你一份，有过错的时候你怎么可以置身事外呢？

为自己下属的行为负责，高层领导不仅不会怪你，而且会对你的勇于担当由衷欣赏，认可你的能力和人品。而对于犯错的下属来说，顶头上司仗义地替他扛起责任，他只有感激，只会更加努力工作，支持你拥护你。

所以，在下属的工作出现失误时，作为直接领导的你千万不要说："下属犯了错，为何我要替他受过？我才不干！"这样的中层，难以成为优秀的领导，你的下属会对你的所作所为寒心，以后又怎么会全心全意地支持你的工作呢？一个有担当的中层领导一定是能够在关键时刻帮下属扛责任的人，是一个让下属感觉到安全和信赖的人。

美国著名管理顾问史蒂文·布朗有一句话："管理者如果想发挥管理效能，必须得勇于承担责任。"事实上，即使中层领导想完全撇开责任，也是行不通的。你的下属犯错，也就等于是你犯错，起码你犯了用人不当或监督不力的错误。所以，那些把错误完全归咎于下属的领导们，完全可以说是不称职的。

据法新社消息，2011 年，有两架客机在无人帮助的情况下被迫降落在距离白官只有几英里远的里根国家机场。导致这一事故的原因是一位空管员在夜班期间竟然昏头大睡。

据报道，美国联邦航空局（FAA）也披露，在西雅图的一个主要机场，一名空管员在早班期间就被多次发现处于睡眠状态。

美国联邦航空局局长兰迪·巴比特在一份声明中表示："在过去几周期间，我们看到部分人的不称职行为。他们的行为令公众对我们保证旅客出行安全的能力表示怀疑。"

在随后接受美国媒体采访时，巴比特表示，应该重新审视美国空中交管系统、考虑是否有足够的备用人力资源、这些人是否有足够的休息时间。

巴比特在 2009 年被奥巴马总统提名担任航空局局长，任期五年。上任后，他采取了一系列保证航空安全的措施，包括发展价值 400 亿美元的导航系统，改革 FAA 体制，鼓励空管员主动上报过失等。

不过，这些措施的效果并不十分理想，全美航空安全事件近年来呈上升之势。最终，他因为下属屡次失职和自己醉驾而辞职。

虽然巴比特的辞职不完全是因为下属的失职，但他因此承担了 "连带" 责任却是毋庸置疑的。要成为优秀的中层，应该有管理者的风度，尽量替下属分担压力。一项责任，领导者替下属扛了，可能对你影响不是特别大，但是对下属来说，意义可能就完全不一样了。

比如，如果你把过错全推给他，他可能被解雇，而你一句"这主要是我的责任"就能决定他的命运，让他免于失去这份工作，下岗失业。甚至，你的承担可能对他的整个家庭都是巨大的支持，你保护了下属，其实就是你在下属面前树立了权威。

当然，帮下属扛起责任并不是无条件地包庇下属。你帮下属揽过责任的同时，一定要确定他的真正责任，在风波过后，单独找他谈话，告诉他错在什么地方，帮他成长。把过错揽在身上，保护下属，上司也会觉得你是一个敢于负责的中层。

下属的工作为什么会失误，中层领导一定要注意找自己的原因，看自己对下属的工作安排是不是合理，对对方的能力是不是了解。如果本来下属没有能力把工作完成得很好，而是慑于你的压力去做，以为只要是你的命令，就必须无条件执行，结果却因为能力达不到而把工作搞砸，那作为领导，你是要负主要责任的。

中层领导一定要记住，不愿照顾、保护下属的领导永远都是不合格的。本身下属犯错的原因就无法排除你安排工作不当、识人不明的失误。所以，当下属犯了错，你却不敢替他分担责任时，也就谈不上让下属对你忠诚了。中层领导只有和下属一起承担责任，才会让他们更愿意对你付出真心，跟你同舟共济。

善于处理团队内部矛盾

有人的地方就有矛盾，中层领导肯定希望自己的下属们和睦相处、精诚团结，以减少内耗，把精力都用在工作上。要实现团队的和谐，就需要加强内部管理，也就是要避免、化解下属们的冲突。

作为一个中层领导，每天要处理的诸多事情中，很多是处理人与人之间的冲突，尤其是调和下属之间的冲突。也许你最不愿看到的就是下属之间闹矛盾，都是你的左右手，伤害了谁都不好，然而矛盾却不可避免。这就要看你调和下属矛盾的水平高低了。

小矛盾如果处理不好、处理不公，就会变成大矛盾，不但会影响整个部门的工作效率，还会严重降低你的威信。而这些冲突处理得好，下属们就和谐，凝聚力就强，你的部门也就容易出成绩。因此，学会调和下属们的矛盾，是修炼影响型领导力的关键。

某企业的张某、刘某两人同是一部门的市场专员。起初，二人关系融洽、工作配合得十分默契。但在一次市场部主任竞聘中，张某经过竞聘提拔为主任，而刘某落选了。落选后的刘某在背后诋毁张某，比如说"张某任主任一职是花钱买来的"一些诸如此类的话。

从那以后，张、刘二人的关系就来了个 180 度的转弯。落选的刘某不但不配合张某的工作，反而还经常拆他的台，而张某也针锋相对，毫不相让，后来发展到对面不打招呼、二人无话可说的地步。

身为市场部主管的林某对此高度重视，他分别找张、刘二人单独谈话。谈话内容各有侧重，对刘某主要是让他说说对企业提拔张某有什么看法，如真的有不当之处希望他提出来，自己会公正决断，但如果没有，就不应该无根据地瞎编乱谈。

对张某则要求他作为市场部主任要以大局为重，要有宽大的胸怀，以宽容对待冲突，以礼貌谦让对待冷嘲热讽，同时虚心听取各种不同的意见和建议；要善于团结下属，不要总是对一些谣言念念不忘，跟他分析了不团结对工作和个人前途的危害，等等。

两个人都想通了之后，林某又邀请张、刘二人共进晚餐。席间，主管林某说："两位能不计前嫌，握手言和，我感到很高兴，这是你们以大局为重的一种表现，也是对我工作的大力支持，我非常感谢。"

结果，张某和刘某都觉得自己以前太小气了，互赔不是，握手言欢，两人又恢复了以前的合作关系。

作为一个拥有很多属下的中层领导者，下属之间的矛盾是难以避免的，一旦处理不好，不仅无法顺利化解，还可能出力不讨好，把自己都带进矛盾的旋涡之中。所以，面对下属之间的矛盾，一定要妥善解决。

调节下属之间的矛盾，首先的原则就是要站在中立的立场上秉公处理。当下属之间发生冲突和纠纷时，部门领导作为受人信服的一个人，必须做到不偏不倚，保持中立。偏袒只会使矛盾激化，而且冲突的一方很可能会把矛头转向你，使人际矛盾扩大。中立、秉公是一条最为重要的原则。

作为中层领导人，你对冲突肯定有自己的看法，但是作为一个调解人，目的是为了让矛盾双方息战并和解，使冲突双方能坐下来面对面地交谈，而不是打抱不平，使冲突加剧。因此，领导者即使对明显有过错的一方也要表现出理解，目的是让下属们恢复和睦。

中层领导者要想做一个好的调解人，有以下方法。

第一，双方情绪激动时暂不评判。

作为一个领导者，必须力争使自己成为善于处理组织内部矛盾纠纷的高手。在矛盾发生时，往往当事人双方的情绪都非常激动，都希望你能立即判断出一个谁对谁错，解决这个矛盾。然而如果盲目调和，往往收效甚微，搞不好还会火上浇油，弄巧成拙。因为此时的双方情绪激动，无论怎么处理，双方都不会完全满意，还会误认为你偏袒对方。

所以，当下属的冲突达到高潮时，领导首先使双方暂时息战，消散一下他们的火气，避免矛盾更加激化而说出不理智的话。然后领导者对冲突的原因、过程及程度等作详尽的了解后，据此采取有效的行动。

第二，创造轻松气氛。

发生冲突双方均抱有成见和敌意，所以在进行调解时，首先要缓和气氛，这时选择场合和时机很重要。因此，调解不一定在会议上进行，换作在餐桌上、家里等地方效果会更好。在这种环境里，冲突双方的情绪容易缓和，领导在其中折中协调、息事宁人的难度会大大降低。

第三，严厉处罚恶意制造矛盾者。

俗话说："不怕没好事，就怕没好人。"领导者一定要弄清楚下属们矛盾的动机，如果是因为无心之失或者工作上的冲突那是一回事，如果是有人恶意制造矛盾则要另当别论了。

如果矛盾的起因是因为有人恶意制造事端，唯恐天下不乱，就要果断地严厉处罚，甚至坚决辞退，这样的害群之马对团队的伤害绝对是致命的。

第四，了解双方最大限度的让步。

对不太复杂的矛盾纠纷，在深入细致的调查研究的基础上，可以分别了解双方最大限度的让步是什么，然后从中找出共同点和分歧点，这样在调解的时候才能有的放矢，游刃有余。

下属们在工作中磕磕碰碰是在所难免的，中层领导的调解工作并不轻松，调和的办法也不能千篇一律，有时候不妨动员其他下属一起参与，甚至不妨摆摆上司的架子，让双方暂且分开，等大家冷静以后，再作打算。

总之，要在实际工作中根据不同的情况，采用灵活的方式来调和，这样才能让下属们齐心协力。

提升人格魅力的 6 大建议

在职场上，中层领导者的影响力除了来自看得见的规章制度和手中的权力，更重要的一个来源就是个人魅力。中层领导的个人魅力会吸引下属团结在他的周围，增加他们的认同感和归属感。

比如，乔布斯就是少有的个人魅力型高技术企业负责人，他被称为"高技术产业界的摇滚明星"。乔布斯鲜明的个性特征和东山再起、搏击病魔等充满故事性的个人史，显得格外精彩和传奇。

体现在正直、公正、信念、恒心、毅力、进取精神等方面的个人魅力和优秀品质，无疑会提升中层领导的影响力，从而让其追随者更加笃定和拥护。同时，中层领导的人格魅力还会潜移默化地影响下属，提高整个团队的素质。

小王是一家著名跨国公司的新员工，上班的第一天，他怀着忐忑的心情进入办公室。一进去，他就被面前的场面惊呆了，原来他们部门的经理带着所有的同事站在过道的两边，鼓掌欢迎他。

部门经理微笑着走过来，送给他一份精美的礼物，并且热情而真诚地说："欢迎您加入我们的团队！我深信您会是一名十分出色的同事，在这里会做出让人敬佩的成绩。但是，我最害怕的事情就是让员工们应得的奖励迟到了。所以，我宁愿早点给您。我想，您不会介意吧！"

然后，部门经理开始让大家自我介绍，小王一下子就被经理身上那种真诚、热情、自信和激情折服了。

一个优秀的中层领导已不再是指身居何等高位，而是看你是否拥有强大的影响力。可以说，中层领导的个人魅力已成为衡量影响力的重要标志。中层领导人的个人魅力，是下属们的一种动力，它能使员工心甘情愿地努力工作。那么如何提高个人魅力呢？下面有 6 条建议。

第一，以身作则。

一个简单而有效的影响下属、提高个人魅力的方法是以身作则地领导。古人云："其身正，不令而行；其身不正，虽令不行。"某成功企业家在一次管理层员工会议上强调："管理者真正起到了榜样作用，那么，管理的目标也就容易实现了。"

领导只有以身作则才能让下属觉得你值得信任、值得学习，愿意跟着你干。作为领导，你可以通过你自身的行动来传播价值观和传达各种期望。那些优秀的品质更要以身作则地表现出来。

第二，合理授权。

中层领导在领导下属工作时，不妨学会合理授权，这样不仅能减轻自己的工作量，提高工作效率，还能使下属们感觉到你的信任和尊重。

中层领导在放权时，要表现出对下属的信任来，不要过多地去提醒和指示，尽量少给他干扰，这样就会增强他的信心。而你的知遇之恩，他也必然会涌泉相报。

第三，学会激励下属。

人总是希望别人重视自己，对待自己与众不同。中层领导应该学会对下属进行心理上、感情上、精神上的激励，调动下属的积极性。如果让下属觉得受到了特殊重视，就会引起他的好感。激励要进行物质结合精神来激励。

比如，记住新下属的名字，如果你能叫出新下属的名字，他会感到非常荣幸，从中体会到一种强烈的被尊重和被认可的感觉。再比如说，可以邀请员工与重要客户一起吃饭，或者组织一些业余休闲活动，总之要让他觉得自己与众不同，这种特殊重视的激励形式更大于物质奖励。

第四，惩罚员工要合情合理。

下属犯了错，需要按照制度去惩罚的时候，一定要抱着"惩前毖后，治病救人"的态度，合情合理地惩罚，把握好分寸。

领导在运用惩罚的手段时，应该尽量做到合情合理。要符合有关法规、制度、条文的精神，把握分寸，使人口服心服。惩处方式不应该过火，也不要偏激，也不要有偏私，一定要一碗水端平。

同时，有些下属可能心理承受能力比较弱，还要照顾到对方的感情。最好通过理性的说服去影响别人，做到严之有理、刚中有情，这样才能让下属心服口服。

第五，要有包容的胸怀。

海纳百川，有容乃大。中层领导要有兼容并蓄的度量和光明磊落的胸怀，要做到容人之短。优秀的领导能够容许下属在某些方面存在缺陷，而不是求全苛责。

另外，容忍的胸怀还表现在从谏如流，容得不同意见。

第六，平等对待下属。

下属虽然在中层领导的领导下工作，但并不表示他们就低人一等，中层领导者一定要平等地对待他们，在平时生活和工作中要关怀下属，以非正式沟通方法减少地位上的隔阂，以德服人。比如在开会时，尊重每一位员工，认真倾听他们的发言，听取他们对部门管理的意见，等等。

总之，中层领导的个人魅力是一种吸引人、影响人的力量。领导者高尚的品格是其领导魅力的重要源泉。良好的人格魅力不是与生俱来的，而是日积月累、持之以恒地积淀积累，中层领导者要增强人格魅力，必须逐步培养。

第 8 堂课

从"被动式"变为"主动式"

----- 工作态度决定一切 -----

工作态度决定一个人未来职业的发展。"主动式"中层，除了积极完成自己分内工作之外，还会积极主动探求更多职责的承担，在他们的努力之下，不仅为公司发展贡献自己的力量，也为自己水平的增长和职位的提升奠定了最强大的基石。

积极努力工作，高付出才会有高回报

从许多中层管理者的工作中，很容易发现"被动"态度，他们只是完成自己分内的工作，从来不会谋求更多承担，也不会对工作之外的情况，有更多了解和学习。这样的中层管理者也许是合格的，但绝不是优秀的。

从那些优秀的中层管理者身上，也就是那些公司"中坚"身上，我们则能更多看到积极主动的态度。他们除了积极完成自己分内工作之外，还会积极主动探求更多职责的承担，不仅为公司发展贡献自己的力量，也为自己水平的增长和职位的提升奠定了最强大的基石。

许多"被动式"中层管理者身上都会有被雇佣的思想，这会成为他们走向中坚的最大阻碍。他们认为，自己只是一名公司雇佣的人员，拿一份应得的工资，也提供出自己应有的贡献，除此之外，自己与公司不再有更多联系。殊不知，在这一思想的影响下，他无形地在工作中就会开始渐渐落后于他人。不尽全力，会在工作细节上大打折扣，得不到好的工作效果，自然也就不会获得收入和职位上的提升，等到有一天感觉到与他人产生明显差距的时候，才充分认识到这种意识的危害。

唐灿和徐毅是大学同学，毕业后，共同到一个公司来上班。非常凑巧，两人都被分配到销售部门工作。

同在销售部做销售助理，两个年轻人工作都很卖力，实力不相上下，但伴随时间推移，两人之间却慢慢拉开了差距。徐毅很快就获得了提升，而唐灿却始终在原地踏步。对此，唐灿感到非常不理解，大家能力都差不多，为什么会有如此大的差距。他决定细心观察，以寻找出其中原因。

一天，唐灿预约的一位客户来到公司，而这时唐灿正在忙碌。唐灿正埋头整理一堆资料看到客户到来，才想起这宗早已预约好的签单业务。

唐灿满怀歉意请客户来到洽谈室，这时发现应该复印的文件和资料以及产品的说明书都还没准备好，连声再次道歉，匆忙跑去复印。一切准备就绪，这时唐灿发现客户已经有些不耐烦了。当唐灿满怀歉意地向客户介绍产品性能时，发现在慌乱中产品说明书复印错了。客户没有再等待，直接转身离开了。

唐灿的懊恼可想而知。第二天，徐毅恰巧也有一个约谈客户，唐灿决定细心观察一下对方表现。

当预约时间到来时，徐毅笑容可掬地站在洽谈室门前等待客户。客户准时来到，两人开始了洽谈工作。唐灿想起昨天对客户的态度，脸不由得红了起来。徐毅不慌不忙地打开文件夹，关于产品资料、使用说明、文本合同一应俱全。徐毅有条不紊地向客户介绍产品情况，同时把近期公司举行的优惠活动也进行了详细说明，还站在客户角度提出了一些非常有益的建议。

最后，徐毅对客户说："听说贵公司要在广州开设分公司，我想，贵公司在短期内可能还要引进设备。如果您愿意，可以在这次订货中一起购置。这样不仅可以享受更多优惠，还可以省去一些不必要的装运费用，您看怎样？"客户显然动了心，马上给公司负责人打了电话，当得到肯定答复后，将最初100万美元的订单增加到了200万美元。

唐灿在一旁看得目瞪口呆，他知道自己的差距在哪里了：自己只是"被动"地完成工作，问题百出；徐毅对于同样的工作显然能主动做出更多准备，他能成为竞争的优胜者也就是理所当然的事情，而这也恰恰是自己应该学习的方面。

同样是具有工作热情和实力的两人，工作结果却大大不同，原因的根本，是两人有着不同的工作态度。唐灿只是把工作当作一项任务去完成，缺乏积极主动精神，因此常常会陷入"被动"，最终获取的结果也常常不理想。相对而言，徐毅的态度要积极很多，他将工作看成是自己生活的一部分，总是想方设法去完善自己的工作细节，工作起来就能不慌不乱、落落大方，最后赢得了客户认可，在完成任务的基础上，也会赢得大家的好评。好的中层除了要有工作热情，还要有良好的工作态度，才是自己走向中坚的最强动力。

石油大王洛克菲勒回忆自己经历时说："年轻时我为老板打工，一般人每天工作八九个小时，而我每天工作 16 个小时。这样做除了对公司有好处之外，我个人收获也非常大，因为这样我就能比别人多累积一些经验。只要肯多努力一点，就可以多赢一点。"

同样喜欢做一些分外之事的还有格蕾丝·莫里·赫柏。赫柏原本是一名普通电脑程序员，早在她发明英文代码前，我们当时的电脑程序代码都只能用数字或二进制码编写，这让写码成为一件极为复杂，同时又十分枯燥的事情。但是赫柏相信代码不一定非要用数字这种死板的方法进行，于是她每天利用下班后的时间全身心钻研这个问题，直到最后提出一个全新方案。

最后，她所发明的计算机编程语言 COBOL 把数字代码变成了英文单词，这成了计算机史上一个伟大突破，赫柏也因此荣膺《计算机科学》年度大奖。

赫柏做的事情并非她分内之事，她完全可以跟其他人一样每天按部就班写码、编码，但是她还是做了这些额外的工作，每天多思考一点、研究一点，最后为自己取得成功，为社会作出了贡献，实现了自己的人生价值。

一名好的中层是不会仅仅满足于做好自己每天的分内之事，他总是在完成常规工作的基础上，充分利用自己的时间，多做一点点额外工作。在普通人眼里，对于这种分外之事，可以选择不做或少做，没有人会去责备你，做了，也未必能得到回报，但是这却恰恰成为证明你比他人优秀的根本。这种潜质体现在态度上，是一种积极主动精神的发挥，更会为自己走向成功累积下最为重要的经验。

无论你从事哪一个行业，无论你有多忙碌，每天多做一点点，多付出一点点，额外的工作将会给你带来不一样的收获。

工作态度决定你的前途

一位父亲向刚当上中层管理者的儿子表示祝贺，同时，他也提出了自己的告诫："遇到好老板，要好好干工作；如果条件没那么理想，也同样要努力工作。端正的态度，才是自己作为一个管理者最应有的本分。"这位父亲是睿智的，他能从更长远的角度对态度与工作关系进行论述，他的意见也值得所有的中层管理者思考。

拿破仑·希尔也说过一句类似的话："自觉自愿是最为珍贵的美德，它能驱使一个人在不被吩咐的情况下，就去主动完成自己应该做的事。"具备自觉自愿心态，工作开展必然会顺利许多，因为在情况出现之前，你已经为它做出了应有的准备，具备自觉自愿的心态，工作状态也会得到改善，因为你会认为这些工作都是你应该完成的，而不是你"被迫"完成的。

在公司里，我们会发现让人感到"平庸"的中层管理者远远多于那些有着卓越能力的管理者。为什么会出现这种情况？其实你如果对他们的工作进行更为长期的观察，你就会知道，他们能够胜任这份工作，更多所凭借的是他们的工作态度。能力的差异只能表现在一时，经验可以通过实践来累积，技术可以通过学习来改善，这份差异不能成为决定根本。这个时候，一个人持有的态度，就成为关键的因素。拥有主动的精神，便会有更多责任的意识，拥有主动的精神，便会去努力学习相关技能，而这些正是决定一个人从中层走向中坚的关键。

小胡是北京某名牌大学的硕士毕业生，来到一家外贸公司应聘见习主管。因为没有工作经验，她刚开始只是负责一些简单的杂事，拆应聘信、翻译应聘信，可以说是非常枯燥的。但她却干得非常开心，每天认真仔细地完成自己的工作。

没想到，3个月后，小胡却被转正提升为人事部门主管。老板在她升迁理由中这样写道：作为一个重点大学硕士毕业生，每天能不厌其烦做这些不起眼的小事，在翻译应聘信的过程中，能够主动整理有价值的信息，有选择地进行推荐，展示出了她积极主动的工作态度和认真负责的工作精神。

作为她的上级主管，部门经理这样写道：她工作尽职尽责，对待工作富有热情，面对任何的岗位和职责，都能办得非常出色，企业最需要的就是这种放到哪里都能发光的人。因此，她理所当然成为从一批应聘者中脱颖而出的那个人。

北京一著名猎头公司高层王明曾这样讲道："公司用人并不看重学历，而是取决于他所展示出来的能力和态度。"许多中层管理者在职场发展非常缓慢，或者一次"爆发"之后，就会面临长久的平静期。不是他们没有能力，主要是因为他们没有正确的态度。学历只是你曾经受过教育的证明，能力会决定你是否符合这一工作职位的要求，而态度则会决定你未来长远的发展。作为一个中层管理者，摆正自己的工作态度，才是自己能否从中层走向中坚的关键。

1997 年 8 月，企业为了支持整体卫浴设施的生产，派 33 岁的魏小娥前往日本，学习世界最先进的整体卫浴生产技术。学习期间，魏小娥注意到，日本人在试模期的废品率一般都保持在 30%~60% 之间，设备调试正常，废品率也保持在 2% 左右。

"为什么不把合格率提高到 100%？"魏小娥向随行的日本技术人员提出了这样的问题。

"100%？你觉得那是可能的事情吗？"这位日本人反问她。魏小娥没有做出回答，不过她暗地里思索，不是日本人技术不行，而是他们的思想桎梏了他们的行为，因为他们消极的态度，使他们的产品合格率停滞在 98%。

魏小娥的原则就是"要么不干，要干就要认真干"。在日本，她拼命学习相关的生产技术与管理经验，3 个月后，带着先进技术知识和赶超日本人的信念回到了国内。她开始组建自己的生产线，在生产过程中，她没有停留在日本人所设定的 98% 的水平上，她给自己设定的标准是 100%。

时隔半年，日本模具专家宫川先生访问中国，见到了自己的"徒弟"魏小娥，此时的她已是卫浴分厂的厂长。面对着 100% 的产品合格率，他一时惊呆了，反过来要向自己的"徒弟"请教经验了。

"认真。"魏小娥的简单回答让宫川先生大吃一惊。

从日本学习归国后，魏小娥负责卫浴分厂模具质量工作。无论是工作日还是节假日，魏小娥紧绷的质量之弦从未放松。在一次试模前，魏小娥在原料中发现了一根头发，这根头发对她来说，就是废品的定时炸弹，混进原料就会出现废品。魏小娥马上给操作工统一配置白衣、白帽，要求大家统一剪短发。就这样又一个可能出现2%废品率的隐患被消灭在萌芽中。98%的责任得到了100%落实，终于，100%这个被日本人认为是"不可能"的事情被魏小娥做到了。

魏小娥一板一眼、严谨认真的做事风格值得每个管理者学习。对于任何事情，设定自己的目标，都要讲究认真到位，本着一种精益求精的工作态度，必然会为你走向成功打开一条最好的通道。作为中层管理者，我们更应该学习魏小娥的工作态度，把责任的承担看成自己生活的一个部分，做到了这一点就必然能激发出自己的无限潜能。

作为中层管理者，不管你面临的是市场问题，还是质量问题，又或是服务问题，以主动的态度去开展工作，投入自己全部的精力去解决问题，自然会为工作开展寻找到最好的方法，这个时候，也就为自己创造"奇迹"，获得职场晋升打下了最坚实的基础。

不计较个人得失，主动承担责任

"被动式"管理者与"主动式"管理者之间最大的差别就在于他们的责任意识。作为"被动式"的管理者，他更多想到的是如何推诿自己的责任，只要不是被逼到走投无路，他都不会去主动承担责任。作为"主动式"管理者，他总是在积极地寻求自己责任的承担，他会将工作看成是自己生活的一部分，他时时刻刻都在想着如何为自己的企业，为自己的工作提供更多的贡献，而从不会计较这是否应该是个人承担的责任。

"被动式"管理者与"主动式"管理者，最后获得天壤之别的结果，也就不再是让人感到意外的事情。"被动式"管理者，每天得过且过，不能跟上外界环境变化的节奏，工作不可能提供什么突出的贡献，很难获得晋升，甚至为社会所淘汰都是非常有可能的事情。作为"主动式"的管理者，在工作上始终会保持一个积极的态度，工作对于他来说就转变成为能提供快乐的事情，并且在工作过程中所累积的经验和技术，又会帮助他在工作中凸显出来，最终成长为公司的"中坚"，也就是顺理成章的事情。

刘海在啤酒厂担任一条生产线的组长，负责整条流水线的生产与组织协调工作。他非常热爱自己的工作。

一天，刘海到超市买东西，看到货架自己企业生产的啤酒商标上有划痕，分析原因可能是在补货中划伤的。

刘海看着这些划痕，觉得非常扎眼。他认为商标的划痕肯定会给公司形成负面影响，这与自己内心的公司产品形象理念"高雅品位，卓越超群"是不符合的。

虽然不是由自己失误造成，但刘海还是决定做点什么，他将那几瓶啤酒移到了货架后面。但转念一想，前面啤酒卖完后，后面啤酒仍然会露在外面，他觉得实在是不妥，最终决定自掏腰包，把几瓶啤酒买下来。

其实，企业每月都会给职工发一箱啤酒，刘海平时很少喝酒，他根本不缺啤酒，但刘海还是心甘情愿地把这些"扎眼"啤酒买下来，为的是自己内心对于自身企业的维护。

刘海是作为消费者进入超市的，换句话说，他完全可以不用为这些事情负责。但当面对包装有瑕疵产品时，还是唤起了他强烈的责任意识。这种责任意识，让他觉得自己必须"主动"做点什么。他将啤酒隐藏在了货架后方，但还是认为这样不妥，经过一番考虑之后，他最终选择自己购买这些啤酒，即使这些啤酒根本不是他所需要的。

从一个不起眼的小事当中，可以看出这位管理者身上所具有的宝贵品质。他把工作看成自己生活的一部分，他把企业当成了自己的家，对企业形象进行维护更是看成自己不容推卸的责任。面对这样一个管理者，我们甚至可以想象出他在工作中会是怎样的积极主动。他会注意生产每个环节，在遇到问题时，在大家还在迟疑的时候，他也许已经在积极寻求解决办法。在他的管理之下，整条流水线的生产必然井井有条。

企业最为需要的就是这样有着强烈责任意识的中层管理者。当你能体现出这种强烈的责任意识时，必然也就会成为上级关注和培养的对象，当一个企业的整个中层管理者都能体现出这种强烈的责任意识和主动精神时，企业的生产和经营必然能产生出最高的效率。

1835 年，摩根成为一家名为"伊特纳"的小保险公司的股东，这家公司不需要马上拿现金入股，只需在股东名册上签名，就可成为股东并履行股东职责。

就在摩根成为股东后不久，一家投保客户发生火灾，遭受巨大损失。按照规定，如果完全赔偿，公司就会破产。股东非常惊慌，纷纷要求退股。

经过再三斟酌，摩根最终四处筹款，卖掉自己的房子，收购了所有要求退股股东的股票，并将赔偿金如数付给客户。因为他认为自己的信誉比金钱更为重要，做人做事，这都是自己应当遵循的原则。

身无分文的摩根成为了公司的所有者，但公司已濒临破产。无奈之下他打出广告，到公司投保的客户，保险金加倍收取。

没有想到的是，保险金的提高，并没有减少客户，反而引得客户蜂拥而至。原来在人们心中，伊特纳已经是最讲信誉的保险公司，这一点使它比许多有名的大保险公司更受欢迎。火灾事件后，摩根损失了财富，但却获得了比任何其他东西都珍贵的信誉保证，这也为他吸引到源源不断的关注与认可。伊特纳火灾保险公司从此崛起。

过了许多年后，摩根的公司已成为华尔街的主宰。经营金融，这是一个充满风险，并且需要彼此深深信任的行业，但摩根依靠自己良好的信誉，开启了属于自己的金融帝国时代。而所有这些，都是从那一场火灾开始的，责任意识显然比金钱更有价值。

面对这样一场意外，摩根完全可以选择"被动式"逃避损失，并且他这样做是合法的，相信很多人在工作中都会做出这样的选择。但是摩根没有这么做，他的选择是"主动"承担责任，而最终结果的呈现也让大家看到了完全不同的结果。

很少有人愿意承担损失，所以人们都习惯逃避责任，无形中，却为那些有着"主动"精神的人提供了最好的展示空间。因为这份责任意识，赢得人们更多的青睐，因为这份主动精神给自己创造出更大的空间。

对于中层管理者来说，不要去过多计较个人的得失与责任的承担，过分注重这些，只会束缚自己工作的手脚，畏手畏脚最终会让自己陷入"被动"局面，工作得不到有利开展，晋升也会遇到层层阻碍。从更深入的层面去看待自己工作职责的承担，更多接纳自己所应承担的责任，也就会让自己在工作中产生出更多的"主动"态度，在"主动"地开创之中，也许可以获得最为有利的工作局面。

在细节上下足功夫

著名管理学家汪中求在《细节决定成败》一书中有过精辟论述：成熟的公司管理，大都能在细节上下足功夫。在专业化分工日趋加强的今天，只有在细节中都做到尽善尽美的人，才能使自己的公司在激烈的市场竞争中胜出。

对于一个中层管理者来说，能否做好细节工作，就成为区别他们工作能力的一个重要标志。那些有着积极主动精神的中层管理者，无时无刻不在想着如何才能使自己工作做到最好，还有哪些细节方面需要自己完善。正是通过这些细节的累积，为他们圆满完成任务，赢取上司的赏识，打下最坚实的基础。

对于一个 "被动型" 的中层管理者来说，他只是想着如何完成自己面前的任务，不会去主动探求更多工作细节，无形中也就拉开了与那些优秀中层之间的差距。直到有一天，当这些细节的累积让他感到无法承受的时候，他才会明白因为工作的态度原因，已经让自己失去了最有利的竞争机会。

小玲是一家公司部门经理，刚开始她和大辉都是这个部门的副经理，工作性质和工作内容大同小异，但是经过一段时间的考核后，小玲被正式任命为这个部门的经理。

大辉很不服气，心想："难道她真比我优秀？" 仔细观察了两天后，他并没有发现小玲有什么特别之处，咽不下这口气，就去找领导理论，认为领导偏心。

领导听完大辉的陈述，笑了笑，说道："这样吧，你给我做一个公司年度总结报表。" 接受任务，大辉立刻回公司找数据查资料，态度非常认真，完成之后，很快就交到了领导手里。领导接过报表，看了看后，说道："我给小玲也安排了同样任务，明天我会给你答复。"

第二天，小玲也将自己的报表交到了领导手里。在小玲离开后，领导叫来了大辉，说道："你的报表，如实统计了公司的经营情况和各项业务指标，可小玲在此基础上，还总结了公司现在的缺点和不足，指出了公司的问题，并提出了相应的意见。现在，你知道我为什么让小玲当这个部门经理了吧？"

大辉还是不甘心，说道："她只是多做了一点，我们只要尽职尽责，做好分内工作就是对工作的最好完成！"

"你错了，做好本职是应该的，可是你不应满足于此，否则你很难再向前迈进。尽管小玲只多做了一点，但是在完成本职工作的基础上，她总是能主动寻求更多职责的承担。对于公司发展来说，这才是我们最需要的人才。"

大辉最终沉默了，相信他已经知道自己输在什么地方了。

大辉属于典型的"牙膏型"中层管理者，虽然也担负着一定的工作职责，虽然自己也能很好她完成上级所交代的任务，不过他的工作更多是在"被动"的方式中开展。每天按部就班，领导说一句，自己就做一下，领导推一下，他就向前迈一步。小玲的态度则要积极得多，她不仅完成领导交代的任务，还会去寻找各种方法，从各种细节当中，让这个任务得到更圆满的完成。正是凭借这些细节的累积，才能使她工作完成得更加出色，正是依靠这份主动的态度，让她在这次的竞争中胜出。

我们应该始终记住：公司需要的不仅是专业技术人才，更需要积极主动、不断开拓进取的管理者，按部就班地完成工作，只能让公司维持现有的状态，借助管理者的开拓精神，则可以为公司开创出更美好的明天。

乔·吉拉德连续 12 年保持全世界推销汽车销售纪录，他平均每天可以销售 6 辆汽车，被载入吉尼斯世界纪录，成为"全世界最伟大的推销员"。

在世界任何一个地方，人们都会问乔·吉拉德同样的问题："你是怎样卖出东西的？"

他说："生意机会遍布工作和生活每一个角落，关键是看你如何发现并利用它们。"很多年前他就养成一习惯：碰到人，就会给名片。

在递名片时，他还会说："你好，我是乔·吉拉德，我是卖汽车的。""您可以留着，也可以把它扔掉。留下了，也许有一天你可以和我联系。"

他到处发名片，到处留下他的影子。付账时，他会在账单里放两张名片。去餐厅，他给的小费比别人多，同时放上两张名片。出于好奇，人家往往要看这人是做什么的。他甚至不放过看体育比赛的机会。看体育比赛，他会买最好的座位，他知道坐在越前的人越有钱，有钱的人越有可能向他买汽车。他会拿1000张名片，与左右前后的人交换名片。在人们欢呼的时候，也把名片扔出去。

经过累积，可想他的人脉资源是多么丰富，人们开始谈论他，并拨打他名片上的电话去找乔·吉拉德买东西。

乔·吉拉德是个注重细节的人，正是通过对细节的把握，才让他开创出别人所不能想象的成绩。同样是面对推销工作，可能很多人会选择按部就班地推销自己的产品，然后等待顾客自己上门，以这样的方式对待工作，最后的结果也就可想而知。乔·吉拉德的工作方式显然与常人不同，他热爱自己的工作，无时无刻不让人感受到他对工作的激情，他总会想方设法，去主动开创有利开展工作的空间，在这种主动性的推动下，也就让他发现生活中所存在的许多对工作开展有利的细节，正是依靠细节的累积，让他取得了别人无法超越的业绩。

一名中层如果想要突破自己职业生涯的极限，想要去探求更大未来发展的空间，那就不要仅仅局限于完成自己所担负的任务，而应该主动去了解自己该做什么，多做什么，用自己的积极性、主动性和责任心去做好工作中的任何一个微小的细节。改变自己的工作态度，每天多做一点点，多去思考一点点，伴随这些努力与付出，最终收获的绝不是"一点点"这么简单，成功的人永远比一般人做得更多、更细、更彻底。

人们都说，在细节当中，存在着最美的风景。要想看到这最美的风景，首先自己必须要有一个追求完美细节的态度，在工作当中，一点一滴去发掘可能的空间，改变自己认识的时候，最后在自己面前所呈现的，必然是一幅最美的风景。

主动学习，为自己不断充电

"被动式"的中层管理者，从来不会主动地去学习额外知识，只要他们认为自己能力足以应付眼前的工作，他就会安于现状，他不会关心外界环境发生了什么样的改变，他也同样不会去过多关注行业内出现了什么样的新技术，或者市场中又发生了什么新变化。

而那些"主动式"的中层管理者却总在寻找有效开展工作的方式，在这其中，学习自然会成为其中最为重要的一环，通过学习不断提高业务技能水平，通过学习时刻把握行业内最前沿的变化，通过学习不断打开新的思路，为企业的可持续发展作出贡献。

一家公司被一家韩国企业兼并。在宣布消息之后，公司老总召开全体干部大会，在会上说："我们原则上不裁减现有人员，但如果你韩语太差，无法与其他工作人员交流，那我们也就不得不请你离开。3个月后，我们将举

从"被动式"变为"主动式"：工作态度决定一切 | 223

行韩语考试，通过考试的人，才能继续在这里工作。"

听到这个消息，散会后，所有的人都涌向图书大厦，准备购买资料，立刻开始自己的学习，只有一位毫不起眼的主管却像往常一样直接回家了。人们都认为他已经准备放弃这份工作。出人意料的是，这个人最后也按时参加了考试，当考试结果出来时，让大家都没想到的是，这名主管竟考了最高分。有人问他怎么学的，他说："早在公司准备与这家韩国公司谈收购的时候，我就已经开始学习韩语了。"

表面上看来，这名主管不慌不忙，但在私下里他则早已开始了自己的准备。在别人还没有察觉的时候，他已经敏锐地觉察到公司的这种变化趋势，并意识到自己应该采取行动。他最后能够在考试中胜出，所依靠的就是他这份积极主动的态度，所依靠的正是他这份刻苦学习的精神。他不仅仅会在这场考试中胜出，我们有理由相信，他在工作中的表现也会同样出色，主动去分析公司未来可能发生的变化，并以主动学习去应对这种变化。

有成功的人，必然也就会有失败的人，在这场考试中，自然也会有人被淘汰。他们之所以会被淘汰，可能会有各种各样的原因，但其中最主要的一个就是他们欠缺积极主动的学习精神。如果一个人总是能为可能出现的情况作准备，时刻准备充电，时刻都在学习，那么他一定不会成为被时代所淘汰的人。

一位名牌大学毕业、在国外深造过的年轻人，回国后担任了某公司研发部门的经理职位。

老板对他非常重视，给予他很高的薪水和福利，也为他配备了最为强大的团队。起初，他凭借自己超前的思维与过人的胆识，为公司好几个项目开发都作出了突出贡献，成为了公司当中举足轻重的中坚力量。

然而，两年之后，他就发现自己已经不能像以前那样对市场精准把握，决策中开始出现错误，对市场发展趋势判断不准确，对产品功能设计的提议也常常会遭到下属的质疑。

其实，他的问题，就在于没有不断"充电"，因为取得的成绩和地位，让他产生自满的情绪，逐渐放松了自己的学习和对行业内的了解，个人水平只能原地踏步，而环境又总在不断变化。

无论他以前有多出色，最后摆在他面前的只有两个选择：要么充电，要么让位。

一位资深电脑程序设计师曾经说过："如果我现在改行，一年以后再回到这个行业，我会发现，我什么都不懂了。"他的话非常形象地描述了现代社会信息更新的速度。有一个美国培训专家指出，所有高薪者如果不注意培训学习，五年之后他就会变成一个低薪者，并且从此失去拿高薪的能力。

作为微软公司的创建者比尔·盖茨拥有了这么大的事业，雇用了世界上最优秀的研发团队，按说他已经不需要再为什么事情发愁了，只需每天坐在家里数钞票即可。但这并没有停止他不断探求的脚步。他有一个习惯，每年都会有两次、每次一周的"闭关修炼"，被外界形象地称为闭关周。在这一周时间里，他把自己关在西海岸的一栋临水别墅里，闭门谢客，在这里读书充电，思考微软的未来发展。在行业内，他的这个习惯闻名遐迩，是每个 IT 从业者都津津乐道的事情。并且，当他每次"出关"后，微软总会做出一些有益的改变和尝试。

像比尔·盖茨这样的高级管理者尚且给自己留下专门的时间读书充电，身为中层管理者的你，又有什么理由拒绝这一提高自己能力的最好方式呢？当你为工作疲于奔命时，是否曾经留意，手中的那把"斧子"已经不如以前锋利，是否感觉自己的脚步已经变得沉重，有些跟不上时代的变化？如果这些问题的答案是肯定的，那就说明你已经到了需要补充能量的时候。不管以前有多么成功，都要重新站在学习的起点，选择为自己的职业生涯进行充电。

永远不要给自己找借口

第二次世界大战期间，美国名将巴顿有句名言："要想打胜仗，必须挑选不找任何借口的人，去完成任务！"军队之所以强大，因为每个人都奋勇争先，毫不退缩地去执行命令，去克服所遇到的困难。对于一家公司来说，它也同样需要一群能干还要肯干的中层团队。只有在困难面前表现出排除万难，不达目的誓不罢休的气魄，这家公司才能拥有源源不断的发展潜力。

其实，每个人都有为自己找借口偷懒的习惯。早晨想再多睡一会儿，会找个理由把上午的事情推到下午；工作中，面对棘手任务，遇到挫折，就会找一大堆客观原因让自己认为失败是不可避免。在借口的掩护下，虽然可以避免内心的自责，但也为自己的未来发展竖起了一道巨大的屏障。要知道，总是给自己找借口，人就会逐渐丧失了主动精神，在工作上表现得越被动，职场晋升的希望也就越渺茫。

一流中层不仅要能干，更要肯干，要有无穷无尽的工作激情。就如同松下幸之助所宣扬的理念一样："如果你有智慧，那请贡献你的智慧；如果你没有智慧，那请贡献你的汗水；如果你两样都不能贡献，那就请你离开我的公司！"

某公司要任命一位新的部门经理，两位非常优秀的人成为有力的竞争者。从过往业绩看，他们不分上下，在部门的人气比较，他们也在伯仲之间。以这些条件来衡量，这真是一件非常艰难的事情。

人力资源部拿不定主意，最后只好将两人资料交给老板。老板看过资料后，把他们都叫到办公室，给他们看一份项目策划书，并告诉他们，这个项目已经设想多年，之所以迟迟没有执行，是因为难度太高。陈述完毕之后，老板问："如果换做是你，你会怎么办？"

第一个人回答："我会对该项目全面分析，计算投入，估算产出。如果这个项目能为公司带来赢利，并具有好的前景，就应该列为运营计划！"他以专业的方式对老板的问题作了解释，并且满怀信心表示愿意接受任务。

第二个人回答只有一句："虽然有很大困难，但我相信能找到一个最恰当的执行方案，我会从现在开始想办法。"

两天后，公司给出了最后决定，第二个人被任命为新经理。老板的理由非常简单：虽然两人都很出色，但他能看出，第二个人有着更强的执行力与战斗精神。

"现在就开始想办法"，正是这句话最终打动了老板，正是这份不怀疑决策、立即执行的职业精神最终为他赢得了这场两人间的竞赛。第一个人可能更专业、他的讲述更合理一些，但在最关键时刻，他却没有表现出主动拼搏的精神，而这才是一个管理者所需要最重要的品质。

中层处在组织的中间，会同时受到上司和下属的关注。自己一定要时刻充满斗志，无论面对什么困难，都要有迎难而上的勇气，而不是找借口回避。上司需要你的这种执着品质，下属也需要你通过以身示范，对他们起到榜样作用。反之，如果一个人一遇到问题，就想着如何逃避的话，那最后恐怕很难在群体当中树立起应有的威望，甚至可能因此而失去应有的工作机会。

小新是公司新来的主管，起初，领导对他的印象非常不错，学识好，年轻有为，但他就是有一个毛病，遇到问题，总习惯给自己找借口。

小新开始的时候，有迟到的习惯，领导一问起来，他就会用这样或那样的借口为自己辩解。一天，领导又安排小新去北大的三个部门送一份重要文件，可小新才送了一份，就跑回来了。

领导问怎么回事，他解释说："北大好大，我在传达室问了几次才找到一个地方。"

领导听了之后非常生气，说："那三个部门都非常有名，怎么会找不到呢！这么简单的事，还要找借口。"

谁知小新没有虚心听取批评，还继续为自己辩解："我真的跑了很多地方，找遍了就是没找到，不信你问传达室的人。"

领导心里更火，心想这么简单的事情，还找一大堆借口，最后还让领导去核实。这像什么话？

小组组长这时给小新解围，支招说："你可以先找三个单位的电话，明确地址之后，再问具体路线；还有，既然你已找到一家，就可以跟他们打听接下来要去的两个地方；校园那么大，问问老师和同学也同样可以得到指点。"

小新依然不领情，气鼓鼓地说："我已经尽力了。"

就在这一瞬间，领导决定把小新炒了，虽然并没有给公司造成什么损失，但是他的这种工作态度，永远也不可能胜任公司的任何工作。

这位领导的做法也许有些鲁莽，并不是什么特别重要的原因，就让小新失去了自己的工作。不过这件事却从侧面反映出，"找借口"在工作中危害的显著。借口是敷衍别人的"挡箭牌"，但在领导眼中，却是危害公司利益的"毒药"，更是伤害公司士气的慢性药！它所能产生的作用，就是掩饰一个人弱点，给了你推卸责任的机会，对于公司的发展而言，不会起到任何促进作用。这样的人，自然不会招人待见。

没有不景气的时代，只有不主动的管理者。在一个个借口的掩护下，再优秀的人也会变得平庸。而在不给自己找借口的主动精神影响下，就算是一个能力平平的中层管理者，也会给整个团队带来活力，让整个公司迸发出极强的创造力和开拓性。

或许有很多中层管理者会觉得委屈，甚至心有不甘，因为在一些时候，条件欠缺和不成熟是客观的事实，而不是借口。他们说得没错，客观事实是存在的，但同样方法也是存在的，自己所要做的恰恰就是在困难中找方法，创造条件去完成任务，这才是最正确的工作方式。

在困难面前不要轻易说 "不"

每个人都会在工作中遇到困难，面对困难的时候，才是呈现一个人品质与能力的最好时刻。

作为普通人，在困难面前难免会有退缩心态，如果问题不是自己所能解决，难免会在心中打退堂鼓。但是，作为公司中坚力量，对于一个有着充分主动性的中层管理者来说，在困难面前他绝不会轻易说"不"。

他们内心明白没有什么事情是一帆风顺，证明个人能力的最好办法就是披荆斩棘，在没有道路的地方开创出一条属于自己的道路。他们所具有的这种品质，才是公司最为需要的精神，他们这种积极开拓的精神，最终会为公司发展注入活力。不把所有事情看作是理所应当的，勇于去开拓更多未知的领域，才是一个中层管理者最为正确的工作态度。

研发部的刘经理最近因为工作问题窝了一肚子火，他们部门有一个项目，本来计划 3 个月完成，结果上司在未与他协商的情况下，就应客户的要求把工期改成了 1 个月。刘经理前去询问，上司不仅不解释，还额外提出了一些要求。

计划发生了这么大的变化，整个工作计划都要做出调整，部门所有员工都不得不不分昼夜地加班，像拉紧的弹簧一样全速向前冲刺。不过即便如此，刘经理却没在任何人面前说过一个"不"字，虽然心中有着些许不满，但还是用自己最大的热情去激励自己的下属，督促他们按时完成了这个极其艰巨的任务。

与刘经理有类似经历的中层管理者不在少数，他们常常会感到，上司有时会"故意"给自己出难题、下绊子，让自己去做一些特别难做的工作，或者干脆就是"不可能完成的事情"，自己感到度日如年、受尽折磨。其实，事实并非如此，如果你能够站在上司的角度考虑问题，就会发现所有的困难并不是那么难以接受。因为企业所面临的环境必然是充满各种变化因素的，只有充分发挥积极主动的精神，才会为企业发展赢取到最大空间。

从另一个角度来看待，上司合理的要求，是自己责任的承担；上司不合理的要求，又何尝不是对自己的最好磨炼？无论上司安排的工作是否合理，都应以一个平常心去对待，尽心尽力去执行，无论成败，对个人来说，都是一笔经验的积累。认识到这一点，在艰巨的任务面前，你就不会有一肚子的怨气了。

约翰在一家公司担任销售部经理，最近他接到了一个非常棘手的任务。

约翰所在的公司的主要产品是番茄酱，但是由于包装原因，消费者在倾倒番茄酱时，要花费不少力气，可其他同类产品没有这种毛病，即使公司的番茄酱产品味道远比其他公司要好很多，但还是出现了滞销现象。

针对这个问题，公司老板想出了两种解决方法，一种是改变番茄酱的生产配方，浓度降低一些，这样问题就得到解决，另一种是改变包装，寻找一种新的方法，使番茄酱容易倒出来。但最终这两种方法都被否定，因为不论哪一种方法都会使自己的番茄酱失去独有的特点。最终，老板就把这个任务交给了约翰去完成，让他采取措施改变销售方法，来改变番茄酱滞销的局面。

约翰尝试了各种促销方法，但都没有产生理想的效果。有着多年工作经营的他深知，这不是改变销售方法就可以解决的问题。经过一段时间的思考之后，他向老板提出了自己的看法：销量不好不是因为销售方法，而是因为大家对产品有意见，我们可以通过改变顾客的看法，把自身的缺点变成优点。老板经过考虑，最终同意了他的看法，决定让广告部想出新的广告创意，告诉消费者他们的番茄酱之所以难倒出，是因为它浓度高，正因为如此才口味独特。最后，通过这个广告的投放，大家都注意到了这个有些"特别"的产品，这家公司的番茄酱受到顾客的欢迎，滞销状况得到了彻底改变。

其实像约翰一样，大多数中层管理者接到的任务都会具有一定难度。但是面对这些"不可能"的任务，你又会怎样做呢？

或许，你可以认为老板所交代的任务不具备执行条件，或者条件太差最终选择放弃这项工作。但是这对于中层管理者来说，这种做法是完全错误的，这不仅会使你的能力停滞不前，更会失去老板对自己的信任。约翰接到的任务同样是不具备执行条件的，困难是明摆着，任何人都没有能力去解决这个问题，但他正是凭借着不妥协的精神，最后借助自己部门之外的力量，使问题得到了圆满解决。虽然广告部门本不在他负责的范围，但是他创造条件帮助公司解决了问题，相信最终老板会对他有一个满意的评价。

当一个中层管理者遇到没有执行条件或执行条件非常差的任务时，千万不要轻易说出那个"不"字，最正确的方式是要接受它，并尽可能多地创造条件来完成它。完成上级所交代的任务，才是自己不可推卸的责任和义务。

当遇到一个没有条件去完成的任务时，先不要打退堂鼓，先仔细地分析面前的状况，看哪些执行条件是你没有的，哪些是有的，对这些资源进行整合。如果是你的能力所不能解决的，完全可以向公司其他部门寻求帮助。一个优秀的中层，只有在完成任务的前提下才会给公司带来价值，才算尽到了一个中层管理者应有的义务。

奉献精神是立身之本

最为优秀的中层管理者，会对公司产生极强的归属感，他会将公司的事情看成是自己分内的事情，他时刻都在想着的是，如何才能让公司获得更好的发展。正是他们的这种意识，让他们成为了公司的中流砥柱，正是他们这种工作态度，让他们成为了高层领导眼中最可靠的人。

一个公司安排三位重点培养的中层经理到基层进行锻炼和考察，计划在其中挑选一位提拔为高层管理人员。他们三位所承担的工作非常简单，就是将公司回收的各种报废汽车进行分解，然后送到钢铁厂进行处理。

几天后，老总下来检查他们的工作，表扬了一位姓王的中层经理。另两位有些不解："我们的工作也同样辛苦，为何单独表扬他呢？"老总淡淡地说了一句："相同的工作，你们分解需要 5 天时间，王经理却只用了 4 天，而且保证了质量。"

过了几天，老总又下来视察，这次获得表扬的依然还是王经理。其他两位依然不服，甚至认为王经理是靠溜须拍马才获得褒奖的。老总再次温和地发表了自己的意见："你们的工作量虽然和王经理干得差不多，但是，王经理把报废车上的铜也都割下来了，进行了分类挑拣，虽然对你们来说这是一件小事，不过对公司来说却是一笔损失的挽回。你们没有这样做，只是将那些铜随便当废铁卖掉，可是要知道在市场上铜价是铁价的好几倍。王经理的这种工作态度，正是公司最为需要的！"

最后，王经理自然被确定为这次晋升的胜出者，不仅如此，他还依靠着这种工作态度，在日后的工作中连续获得晋升，最终升为公司副总，地位提高了，收入也增加到了十几万。王经理之所以能够脱颖而出，根源在于他对待公司利益的认真态度。他时刻都在想的是，如何为公司创造更多的价值，解决更多的问题，公司自然也会给他丰厚的回报和无限的发展前途！

前两位经理，只是被动地去完成任务，他们只是按照要求完成自己的工作，除此之外，没有任何额外付出。而这位王经理他始终持有的想法是如何为企业解决问题，如何寻找更多的方法，为企业增加应有的效益。对于前两位来说，他们顶多只是一个合格的中层管理者，对于王经理来说，他则是一位能够主动开展工作的人，正是因为他的这份额外付出，让他成为管理者当中最为优秀的人。

作为一个中层管理者，当我们斤斤计较薪水太少、职位太低时，其实也该扪心自问：我们为公司创造了多少价值？我们是否用最为忠诚的态度，去面对自己的工作？

其实让自身价值最大化的方法，就是为自己的公司解决尽可能多的问题，创造尽可能多的价值。竭尽全力做好自己的工作，你就会成为高层眼中的好下属、基层眼中的好领导。这时，不需要向公司索求什么，公司自然会将你应得的回报奉上，甚至有时比你想要的还要多、还要好！

汤姆所学的专业是软件设计，但由于多种原因，大学毕业后，没有从事相关工作，而是在一家科技公司做起了业务员。经过几年打拼，汤姆在公司坐上了业务经理位置。虽然现在生活也过得非常不错，但汤姆对设计方面的工作还是情有独钟，在平时空余的时间里，都会通过各种渠道学习有关设计专业知识，学习各种软件的使用。

恰巧在一段时间里，公司设计部门总是出现问题，拖延工期，质量不合格，给公司造成了不小的损失。看到这种情况，汤姆有点跃跃欲试了。

有了这个想法之后，他并没有鲁莽行事，他先是到公司设计部门去观察一番，了解一些公司设计任务，然后利用业余时间，学习相关软件使用，准备充分之后，就拿自己作品来到了老板办公室："总经理，您好！我一直都在积累相关软件设计的学习，自己也非常有兴趣从事相关方面的工作，这是我利用业余时间完成的作品，您给点评一下，如果您认为满意的话，那么我申请被调往相关部门从事设计方面的工作。"

老板听到这些话后感到喜出望外，因为最近这段时间，他正为公司设计部能力不足而发愁。看过作品之后,更是为他丰富的设计经验所折服,后悔没有早点发现公司中的人才,就这样汤姆被调到设计部门做经理。汤姆干了自己感兴趣的工作,自然更加努力,把设计部门的任务完成得非常出色。

这本不是汤姆分内的工作,但当公司经营陷入困境的时候,任何人都应该及时伸出援手,而不应该区分这是不是自己所应该承担的工作。面对公司所遇到的问题,挺身而出,贡献自己的力量去对问题进行解决,是任何一个公司员工不容推卸的责任,更不用说是对于一个管理者。解决问题的过程,同时也是展示个人能力的一个过程。就如汤姆一样,通过一个问题的解决,最终让他得到了梦寐以求的工作岗位。在现实中,如果我们也去尝试解决公司所遇到的问题,相信我们也同样会有属于我们自己的一份所得。

不要总在询问公司可为自己做些什么,而要先问自己能给予公司多大贡献。如果人人都有奉献精神,公司最终就会成长为一棵参天大树;反之,若人人都先顾私念,索求第一,公司就面临灭顶之灾!对一名合格的中层来说,奉献精神才是自己的立身之本!

从"墨守型"变为"创意型"

在创意时代脱颖而出

　　创造力是财富和成长的唯一源泉，每一个成功的中层管理者都需要拥有开拓创新的能力。如果没有旺盛的进取心，就会被时代所抛弃；没有开拓创新的能力，就只能因循守旧，墨守成规，从中层到中坚，当然也就遥遥无期。

不断创新才能立于不败之地

美国《商业周刊》在 2000 年出过一本特辑叫《21 世纪的公司》，这本书的核心观点就是：21 世纪的经济是创造力经济，创造力是财富和成长的唯一源泉。在这一时代背景下，公司不仅仅需要能够按照各项规章制度，完成固定任务的"墨守型"中层管理者，取而代之的是，需要更多具有创造力的中层领导，他们所创造的价值会超过许多一般性中层领导的总和，借助他们的作用公司才可以始终保持与时代变化的脚步一致。

"墨守型"中层，每天只是循规蹈矩完成自己所应完成的任务，不会去探求其他更多责任的承担，更不会去主动学习一些新的知识，他们忽略了环境的变化，总是用一些老的思想和观念意识，去指导自己的行为，最后难免会出现许多与时代脱节的情况，甚至因此闹出许多笑话。

对于"创意型"中层管理者，他们始终保持活跃的思维，他们从不中断对外界环境的观测，他们总会不断提出自己新的设想，以求能使自己的工作得到更好开展。在他们身上，总是寄托有很多变革的内容；同时在他们的推动下，公司又会取得最好的成绩。

世界总在不断发生着变化，为什么我们不让自己的意识也随之改变，从旧模式中转变到新模式，以全然不同的新方式、用全新的视角去思考原有的问题,才能寻找到最好的解决办法,更会为自己的职场晋升找到最好的道路。

安史之乱后,唐太子李亨逃出长安,在灵武即位,称肃宗。在灵武,李亨经过一番努力,聚集一些人马,准备反攻,收服长安。房琯趁机献策,毛遂自荐,要求统率大军收复京城。李亨认为他是个文武全才,就委任他为两京招讨史。

房琯与幕僚商议后,决定效仿古法使用火牛阵破敌。房琯征集来两千辆牛车,排在中间,两翼用骑兵掩护,浩浩荡荡,向长安进发。一路上烟尘滚滚,杀气腾腾,好不威风。但这支老牛拉破车的队伍在对敌作战时,能否发出其功效?除房琯与幕僚深信不疑外,其余将领则无不望而兴叹。

这支军队很快与叛将安守忠的骑兵相遇,房琯本想先稳住阵脚,调整队形,再为迎战,谁知道老牛破车却很难调动,一时间,吵吵嚷嚷,越整越乱。

那边安守忠一看对手如此用兵,真是喜出望外,忙令部队迅速占领上风位置,收集柴草,乘风放火,一面擂鼓呐喊。老牛哪见过这种阵势,烈焰腾空,战鼓雷鸣,吓得四处逃窜。安守忠乘势追杀,唐军大败。

房琯慌忙令南路军投入作战,那老牛同样经受不了这一阵势,不战自乱,败下阵来。唐军尸横遍野,死伤过万。杨希文、刘贵哲投向了叛军,最终房琯只好领着几千残军向灵武逃去。

房琯冥思苦想出来的火牛阵法,就这样失败了。

房琯失败的原因,就在于他"墨守"古法,只是看到了这一方法的效果,却忽略了使用这一方法的环境已发生了改变。历史是不可以重复的，如果忽略了今日现实情形，只是追求相同方法的使用，最后不能获得成功，自己恐怕还要成为后人的一个笑话。

对于中层管理者来说，所面临的管理环境总是在不断发生着变化。内部有组织结构与员工状态的变化，外界有市场与技术条件的变化，只有认识这种变化，观测这种变化，才能让自己的管理抉择始终保持应有的适用性。如果忽略了外界环境，只是过分追求相同的方法曾经在历史中产生过如何作用，那么就会像房琯一样遭遇惨败。

创新精神是一个人一生的最大资本，同时也是现代企业中许多优秀中层管理者获取成功的秘诀。在比尔·盖茨看来，过去几十年社会取得的种种进步，都是源于人类自身的一种无法预测的创造力。对于一个"墨守型"中层占据多数的公司来说，他可能善于维持现状，但从长远发展的角度来看，它则有被时代淘汰的危险。对于一个"创意型"中层占据多数的公司来说，他的行为有很大冒险性，甚至有时让人不可理解，但是对于长远发展而言，必然会产生最有利的推动作用。

本田摩托在日本国内雄踞行业老大，在世界范围也是首屈一指的品牌，在行业中享有极高的知名度。今天所能取得这一切成就，首先要归功于它的创业者本田宗一郎先生。

20世纪70年代初，本田摩托在美国市场正畅销走红，这时，本田宗一郎却突然提出"转战东南亚市场的经营战略"，倡议开发东南亚市场以对美国市场进行替代。

这一时期的东南亚经济刚刚起步，生活水平普遍较低，摩托车还仅仅是人们敬而远之的高档消费品，因此许多人对他的经营策略感到非常不解。

本田对此这样解释："美国的高增长经济即将进入衰退，相应的摩托车市场即将面临低潮。如果只盯住美国市场，一旦市场行情发生变化，便会损失惨重。东南亚经济虽然处在起步阶段，但已开始腾飞，在前期做好开拓准备，当市场飞速发展的时候，我们也能获得最有效的推动。未雨绸缪，才能自身发展处乱不惊。"

一年半后，正如本田宗一郎所预测的那样，美国经济形势急转直下，许多企业的产品产生滞销，在东南亚地区摩托车开始走俏。本田公司最终因为已提前一年实行创品牌、提高知名度的经营战略，此时发展如鱼得水，公司经营未受影响，还创出销售高峰。

本田宗一郎是一个不墨守成规的人，他从不满足企业所取得的经营现状。在人们还在满足今天销售情况良好的时候，他已经能够为未来的发展做出打算，虽然在东南亚市场经济只是刚刚起步，但本田宗一郎已经能看到它未来发展的可能。正是因为他眼光独到，锐意进取的精神，使得他能够未雨绸缪，为公司发展指出最正确的那条道路。

对于我们这些中层管理者来说，也许我们不像本田宗一郎一样，担负着如此重大的使命，但开拓创新同样也是我们身上背负的使命。当我们能为公司作出更多贡献的时候，也就是逐步证明自己价值，向着公司中坚力量靠近的时候。

要善于发现问题和解决问题

对于"墨守型"的中层管理者来说，他只会用简单的思路对问题进行分析，一旦遇到些困难就会轻易放弃。

那些"创意型"的中层管理者则不仅会千方百计地解决问题，而且会不断尝试，用更多更好的方法去解决问题。

同样的问题，交给不同的人，会有不同的解决办法。但问题是，你是那个能够发现问题并且解决问题的创意型人才吗？

问题总是时刻存在的，不过解决问题的办法也会同样存在，对于一个优秀的中层管理者来说，自己所需要做的就是花费一些精力，去寻找出解决这些问题的最好办法。

李素霞是国内一家知名家电企业的美国市场部部长，2001年她在欧洲完成了上百万件产品的订单，但在1997年她刚被派到美国洗衣机部时，这里还没有一个客户。

刚开始，她发现美国人非常挑剔，中国产品要进入美国非常困难。美国人对中国的陌生感和对中国产品质量的偏见，是公司产品在美国市场遇到的最大难题。同时，她还发现，美国人的消费习惯和产品准入机制也是自己所陌生的。经过一番考虑之后，她做出了一个大胆决定，为消除障碍，决定聘请美国人迈克作为主管。

对于产品无法打入美国市场的问题，迈克提出了自己的观点：要让美国人接纳中国品牌，事半功倍的做法，就是让产品进入美国最大连锁超市——沃尔玛。

沃尔玛在全美有 2700 多家连锁店，借助其影响力，让美国人接受一个陌生品牌确实不是难事。但这件事，难就难在如何让沃尔玛的人了解自己的产品。一天，他突然有了一个好主意：在沃尔玛总部对面竖起一块广告牌。沃尔玛高层在工作间隙，眺望窗外的广告牌对这家公司的产品产生了兴趣，这家公司的产品终于进驻了沃尔玛在全美的各大卖场。

从上面的例子我们可以总结出几条解决问题的经验：发现问题是解决问题的开始，开阔思路是解决问题的途径，当自己能从广阔的思路去思考和看待问题的时候，也就为问题解决寻找到了最正确的道路。面对开拓国际市场的难题，李素霞敏锐地察觉到聘用了解美国人消费习惯的迈克会对自己开拓业务产生更大的帮助；面对沃尔玛对中国品牌的忽视，迈克又想到了利用广告牌吸引对方眼球的点子。正是在他们不断发现问题，并积极主动解决问题的过程中，公司的业务开展也获得了最大推动。

一流的中层管理者必定拥有一双善于发现问题的慧眼，面对问题的时候，他们又会以缜密的思维为解决问题寻找到最好办法。正是依靠他们的贡献，一个公司发展才能拥有最强活力。

具有良好的灵活应变能力

世间的万事万物，总是处在不断的发展变化当中，这就是优秀的人从不墨守成规的原因。事实上，对于一个"创意型"的中层管理者来说，他总是在欢迎或者说期望着变化的发生。只有在变化发生的时候，才能最大程度激发他们思维的火花，只有在变化的环境中，才能为他们施展个人才华提供最好的平台。针对不同的情况，做出良好应变，才能保证自己工作任务的顺利圆满完成。

小李在一家报社担任副主任，一次，上级交代给他一项非常重要的任务，采访一位声望很高的文坛老前辈，并且要求拿到独家新闻。

小李通过其他渠道得知，这位文坛前辈要参加一个新闻发布会，于是开始四处托人给自己安排一个独家专访时间，但无论怎么努力，都安排不了。情急之下，小李决定先到发布会现场去看一看，然后再见机行事。

新闻发布会开始后，小李一直仔细观察这位文坛前辈的一举一动，希望能寻找时机对他进行一次单独采访，哪怕只有几分钟也好。

发布会进行了一半，依然还没有任何发现。这时候，小李突然敏锐地察觉到其中一个细节，这位前辈每过一会儿就会喝一口水。小李立刻想到他这么频繁地喝水，总有上厕所的时候。想到这里，小李立刻起身向厕所走去，准备实施"守株待兔"的策略。

果然，过了一段时间，这位前辈终于出现在了他的眼前。他赶紧冲上去，利用在厕所的几分钟，把事先罗列好的问题一一向文坛前辈提出，文坛前辈非常配合，对他的问题一一做了回答。

拿到采访稿后，小李则马不停蹄赶回报社，组织好新闻稿，抢在所有媒体前第一时间发出，成功地完成了上级所交代的任务。

小李是一个非常灵活的人，在意识到这个问题具有难度的时候，他没有想到放弃，而是尽可能去寻找完成任务的办法。虽然在采访的过程中遭遇了种种困难，但他还是随机应变，抓住了一个别人想不到的机会，圆满完成了自己的任务。

良好的应变能力是一个优秀的中层管理者所必须具备的素质。因为在管理上，中层需要能灵活多变地处理团队内部的各种问题，在工作中，同样要懂得审时度势，把握好每一个机会，为公司的发展作出贡献。

在英国麦克斯亚法庭，一位中年妇女声泪俱下，严词指责丈夫有外遇，要求和丈夫离婚。她向法官控诉自己的丈夫，指责他不论白天黑夜，都要去运动场与"第三者"见面。法官问这位妇女："你丈夫的'第三者'是谁？"

她大声回答："'第三者'就是那个臭名远扬、家喻户晓的足球。"

面对这种情况，法官啼笑皆非，不知如何应对，只得劝说妇女："足球不是人，不能成为被告，要告也只能去控告生产足球的厂家。"

不料，这位中年妇女还真向法院控告了一个非常知名的足球品牌。

这个足球厂的营销部负责人，在听说这件事之后，原本只是把它当成生活中一个小的闹剧，打算置之不理。不过他头脑中突然灵光一现，最终改变了自己的决策，主动拿出 1077 英镑作为这位妇女孤独赔偿费。看到这种情况，这位太太喜出望外，对这家足球厂赞不绝口。

这场因足球引起的官司，在英国引起巨大轰动，各个新闻媒体纷纷出动，做大量报道。头脑精明的营销部负责人，敏锐利用了这一次非常糟糕的事件大做文章，只花了区区 1077 英镑的"广告费"，就为自己的产品做了一次大推广。

营销部负责人在接受记者采访时说："太太与其丈夫闹离婚，说明我们品牌生产的足球魅力之大，她的控词为我们做了一次绝妙广告。"

如果足球厂营销部负责人是一个"墨守型"的管理者，他认为这位妇女只是无理取闹，对控告置之不理，或者与她进行对峙，利用法律手段去捍卫自己应有的权益，那最终结果，只能是在"一棵树上吊死"，即使赢得诉讼，也不会对自身发展有太大影响。与之相比，适当转变一下自己的思维，不要总用单一方式去处理所遇到的问题，也许会寻找到更好的应对解决办法。

依照习惯性思维，没有人愿意成为法庭上的被告，更没有人愿意无端为此支付什么所谓的精神补偿。但是这位足球厂营销部负责人却展现了出众的灵活应变能力，他从中看出的是一个绝好展示自己的机会。因为他思维的转换，不仅没有让这场诉讼给自己造成任何损失，还因此给自身经营带来更多推动。这个聪明的中层，最终将一场"闹剧"转变成一次展现自己、宣传自己的良机。

作为中层管理者，我们总会在工作中，遇到这样或那样的问题，在这个时候，你又是否能展现出这种灵活多变的品质？诚然，创意这种东西是很难培养的，但是在面对问题的时候，只要你肯动脑子，就肯定能够获得一些意想不到的收获。

视野开阔才能打开局面

古人云，欲穷千里目，更上一层楼。对于中层管理者来说，是否拥有广阔的视野决定了这个人是否有资质成为一名优秀的"创意型"中坚。要知道，那些"墨守型"的管理者，因为认识的局限，他们的行为常会变得畏手畏脚，业务不能得到拓展，他们的职业生涯发展也必然会遇到层层阻碍。而那些"创意型"的管理者，却总是可以在更高的立足点上对整体工作进行审视，在他们的努力开拓下，为企业赢得美好明天的同时，也为自己未来的职业生涯打下最坚实的基础。

在一个国内知名家电企业，孙京岩担任电热事业部的经理。该品牌的电冰箱和洗衣机是为大家所熟悉的，不过对于他们生产的热水器却并不认可。刚开始的时候，常常有顾客会问："你们也出热水器吗？"每次遇到这种情况，他都会感到万分尴尬。在当时，他们公司的电热水器月产量不足万台，就连同行也说："小家电不是你们的强项……"

不过，面对这种情况，孙京岩并没有放弃，而是开始理性思考自己部门的前途：随着人们消费和住房水平的提高，热水器和其他电器一样，会在家庭中普及，在小家电中必然也会孕育出大市场。而想使公司的小家电在市场上占优势，就必须在原有基础上做创新，不论是产品性能还是质量，都要做到行业第一。

经过一番思考和调查后，孙京岩决定把电热水器研发作为发展突破口。这个时候，国内有很多媒体报道了电热水器因为漏电问题而伤人的事件，这给孙京岩很大触动：如果能使电水分离，是否能避免伤人事件发生？随后，他带领全体电热事业部全体员工，全力投入到研发当中。

1996 年，该企业生产出了第一台水电分离热水器，一进入市场，就被抢购一空。从此，在小家电行业开始占有一席之地。原来被称为"冷衙门"的电热事业部，也成为该公司的王牌。

这样的成绩并没有让孙京岩感到满足，他知道，在市场上只有不断创新，才能保住自己领先的地位。在大家共同努力下，公司开发了多种热水器。目前，电热事业部已经成为该公司颇具竞争力的部门。

孙京岩的成功，值得每个人借鉴。在大家都不看好家电事业部的时候，孙京岩却能通过对社会情形的分析，得出对自身发展最有利的结论；当自己产品在市场取得成功，他又能再次立足高远，看到市场中所存在的激烈竞争，并制定相应的策略，以保持自己所具有的市场竞争优势。

像孙京岩这种最优秀的中层管理者能够带领整个部门进行主动创新，不仅为自己、更可以为自己的团队甚至自己的企业赢得更好的发展空间。对于很多中层管理者而言，创新并不仅仅是技术的更新，或者是能够在制度上有所建树，而是要立足全局，以更高更广的视角来审视个人和团队在未来的发展方向。

广阔的视野是每个中层管理者所独有的却是现代公司的经营决策者所必须依赖的内容。它是中层管理者凭借个人胆识和对问题敏感，通过深入细致观察和全面综合分析，对新产品、新服务的独立判断，更是一个公司不断向前发展所必须依赖的重要力量。假如一个中层领导缺乏思考的能力与开阔的视野，不善于突破旧有观念，接受新生事物，只是将认识局限在狭隘范围之内的话，那他就很难在工作中打开局面。

在 1935 年之前的英国，出版商从未将一本书价格定为 6 便士，以当时的眼光看来，这样的定价简直低得不可思议。出版商考虑的问题是怎样把读者口袋的钱放进自己口袋，所以他们总是尽量把书做得精美，以便能定更高的价格。

用铜版纸来印刷，字迹看起来会更舒服，加上大幅图片也更吸引人，留下大块空白能使读者省去许多阅读时间，这些都是出版商们做书的思路。更重要的是英国读者大都是贵族，他们有钱，精装书能展现自己的与众不同。所以，通过这些方式书商能赚不少钱。

小出版商艾伦·雷恩也想使自己的钱包鼓起来，不过，他的做法与其他出版商不同，这样的认识来源于他独特的思考与判断。

艾伦·雷恩创立的企鹅出版社决定出版从来没有人出版过的平装书，面向的是普通的大众消费者。艾伦·雷恩的做法显然违背了传统，其他书商质疑他的做法："既然我们定价 7 先令都只能赚一点钱，你怎么可能定价 6 便士？"就连与他进行合作的作者，也担心自己拿不到版税。

但是，艾伦·雷恩顶住了压力，终于把平装书做了出来。企鹅出版社的平装丛书一经推出，立即获得了读者的一致好评，因为它迎合了人们阅读的需要。高瞻远瞩的艾伦·雷恩发明了平装书籍的经营理念，奠定了企鹅公司的品牌文化，他本人也成为英国出版史上一位赫赫有名的人物。

艾伦·雷恩是成功的，无论是他在经济方面的收获，还是他在历史上所获得的地位，都是无人能及的。他之所以能够获得成功，首先得益于他视野的开阔。在其他出版商没有意识到普通读者的巨大消费潜力时，他就已经有所察觉，并为此作出了相应尝试。所以，艾伦·雷恩改变了人们传统的出版习惯，开始针对大众印刷价格低廉的平装书，而他的这一做法极大迎合了社会潮流趋势，这为他获得成功打下最坚实的基石。

"一个不想当将军的士兵不是一个好士兵"，要想成为一名优秀的中层管理者，除了培养自己的各项业务能力之外，还必须要丰富自己的阅历。只有立足人所不能到达的高度，才能对行业趋向和自身发展有着更为精准的判断。

创新是有准备的冒险

无论何时，创新对于中层管理者来说都是一项必备的技能。但是，创新是有风险的，任何一种新生事物的诞生都不是一件容易的事。因此，中层管理者需要让自己具备创新的思维，以便让公司在竞争中占据主动，但你也同样需要谨记：只有经过充分准备和周密计划的创新，才能结出我们所希望得到的果实。

2006 年，某公司招聘一名业务经理，吸引了很多有能力、有学问的人前来参加应聘。在众多应聘者中，有 3 个人的表现非常突出，一个是博士甲，一个是硕士乙，还有一个是本科生丙，最终的胜出者将在这三人中间产生。

经过层层考虑，最终公司给这三人出了一道题目：

很久前，一个商人出门送货，不巧正赶上下雨，离目的地还有一大段山路，商人就去牲口棚挑了一匹马和一头驴。路非常难走，驴劳累不堪，求马替它驮一些货物，但马非常不愿意，最后驴因为体力不支而死去。商人只得将货物都移到马身上，此时，马的内心开始后悔了。

又走了一段路，马实在吃不消，央求主人替它分担一些，此时的主人还在生气，不但不肯帮助马，还斥责它说："假如你当初愿意替驴分担一点，现在哪会落得如此下场？"

过了一会儿，马也累死在路上，商人最后只好自己背着货物去买主家。

对应聘者提出的问题是：商人应该怎样做才能让牲口把货物运往目的地？

博士甲的回答是：把驴子身上货物减少一些，让马来驮，这样都不会被累死，并且也能将货物顺利送达。

硕士乙的答复是：应该把驴身上货物卸下一部分让马来背，再卸下一部分让商人自己来背，这样他们在过程中就会走得更顺利。

本科生丙思考了一下，非常冷静地回答：下雨天路滑，又是山路，根本就不应该用驴和马来运送货物，应该选用能吃苦且有力气的骡子去驮货物。商人根本就没有考虑过这个问题，所以造成了重大损失。

最终，本科生丙顺利拿到了这个聘用合同。

面对问题，博士甲和硕士乙都能开动脑筋去寻找解决问题的方法。但他们的方法对问题的解决都不是最彻底的，或者说他们的考虑都是不全面的。他们只是从过程中看到了问题所在，他们的措施也没有使问题得到彻底解决。相对而言，本科生丙虽然没有他们那样的高学历，但是在问题的考虑上，却要全面许多。当人们都在关注过程中的问题的时候，他却能从最本源上发现问题所在，当其他应聘者还纠缠在谁应该负担多一些货物的时候，他已经认识到这位商人在最开始的时候，已经选择错了工作的方式。通过这样一道测试题，丙展示出来的是他对工作创造性的计划能力，而这也是他能在竞争中胜出的关键。

全球著名的家用清洁用品公司宝洁，曾因为在创新方面准备不足，交过高昂学费。2002 年，宝洁为对产品进行创新，研发部开发出一个新沐浴品牌"激爽"沐浴露，成功之后，耗资十亿元广告费将它推向市场。

宝洁的市场部本以为这会成为一针强心剂，按照他们的计划，产品会迅速占据中国大陆市场，并成为公司收入支柱。但最后让人大跌眼镜的是，"激爽"市场销售成绩一直保持平平，到了 2005 年，宝洁公司失去耐心，宣布出于长远发展考虑，停止对这一品牌的生产和销售，正式宣告创新失败。

后来，有专家分析"激爽"失败的原因，就在于它的概念过于超前。在欧美国家，"振奋精神、舒缓精神"的沐浴理念是非常普及的，但这一理念并不适于中国市场，大众消费者还不能普遍接受。宝洁公司先超前创新，又试图通过广告方式让人们改变消费习惯，这些只是用头撞南墙，败得一塌糊涂。

"激爽"品牌失败的原因，就是因为他没有分析清楚中国所面临的具体市场行情。在欧美国家适用的理念，在中国也许会出现"水土不服"的状况，在欧美国家可以瞬间打开销路的产品，在中国也许可能遭遇"滑铁卢"。而这正是缺乏计划，冒险创新，最终遭受失败的最经典的案例，每一个中层管理者，都应该从宝洁失败的教训中了解到制订周密计划的重要性。

作为企业的中层管理者，当你决心去做一些创造性的尝试的时候，一定要考虑这种创新是不是公司所迫切需要的，这种创新又是否真的可以产生最为理想的效果，在执行的过程中，又需要承担什么样的风险。只有把一切都考虑周全，你才能称得上是一个优秀的"创造型"中坚。

开动脑筋，一切皆有可能

苏联心理学家达维多夫曾说过这样一句话，没有创新精神的人永远只会成为一个执行者。事实上，不断开拓进取的创新精神，是现代中层管理者必须具备的能力之一。要知道，无论你在什么样的岗位上，从事什么性质的管理工作，问题都是客观存在的，当然方法也是客观存在的。只要你肯开动脑筋，就可以找到把工作做完美的方法。

汉斯先生是美国一家罐头食品公司的营销经理。

　　一天，在美国芝加哥举办了规模盛大的世界食品博览会，世界各大厂家都将自己的产品送去陈列。作为美国赫赫有名的罐头食品公司，汉斯先生所在的公司当然也不例外参加了这次博览会。

　　汉斯先生将自己公司的罐头食品送去参展。但令他失望的是，博览会工作人员派给他的只是一个会场中偏僻的阁楼。

　　博览会开始后，参观的人络绎不绝，但汉斯先生展览产品的阁楼却门可罗雀。看到这个情况，汉斯先生并没有抱怨，而是开动脑筋，去寻找解决问题的办法。

　　在博览会开幕后的第二个星期，在所有会场上都出现了一个新奇的玩意儿。参观的人常常会从地上捡到一些小铜牌。铜牌上刻着一行字："拾到铜牌的人，就可拿它到阁楼上的食品公司换取纪念品。"

　　陆陆续续，有数千块小铜牌在会场被人发现。汉斯那无人问津的小阁楼，瞬间被人们挤得水泄不通，主持人怕阁楼坍塌，急忙请木匠进行加固。从这一刻开始，汉斯的阁楼成了博览会"名胜"，参观者都希望前往一观，即使最后铜牌绝迹，盛况也未衰减，这种情况一直维持到闭幕。

　　看看汉斯的遭遇吧。没有人知道自己会遇到什么样的稀奇古怪的麻烦，我们需要做的就是像汉斯一样，在遇到困难的时候开动脑筋，想办法把问题给解决掉。

　　中层管理者是公司的脊梁，是公司运行的中坚阶层，因此，作为中层，我们无论什么时候都要比别人想得多、做得多。上司有问题的时候，会要求你去解决；下属有了困难，也同样会找你来寻求解决意见。作为中层管理者，遇到问题是工作的常态，养成时时动脑、事事思考的习惯必然会令你受益。

一次，在 PMA 成功之道训练班上，成功学大师拿破仑·希尔问了他的学员一个问题："你们有多少人认为我们可以在 30 年内废除监狱？"

学员们听到这个问题，显得非常困惑，有人怀疑自己是不是听错了。一阵沉默后，拿破仑·希尔又重复了自己的问题："你们有多少人觉得我们可以在 30 年内废除所有监狱？"

大家确信拿破仑·希尔不是在开玩笑，立刻开始对他的观点进行反驳："你的意思是要把杀人犯、抢劫犯以及强奸犯全部释放？你知道这会在社会造成什么后果？那我们就别想得到安宁。不管怎样，一定要有监狱。"

"社会秩序将会被破坏。"

"某些人生来就是坏坯子。"

"如果有可能，我们应该建立更多的监狱。"

拿破仑·希尔接着说道："你们只是说了各种不废除的理由，现在，我们来试着相信可以废除监狱这一事实。如果可以废除，我们该如何着手？"

大家这次以勉强的态度，把它当成实验。沉默了一会儿，有人犹豫地说道："成立更多青年活动中心，可以减少犯罪事件的发生。"

没过多久，大约 10 分钟后，这群以前持反对意见的人，开始热心地参与讨论。

"必须清除贫穷，大部分犯罪都起源于低收入阶层。"

"要能辨认并且疏导那些有犯罪倾向的人。"

"可以试图借助手术的方法来治疗罪犯。"

最后，这些人总共提出了几十种构想，其中的很多构想都不切实际，但这并不重要。重要的是，这些人从拿破仑·希尔身上学到了真正的成功之道。

如果不开动脑筋，永远不会有解决问题的办法。这个事例就是要告诉人们，即使对待一个问题在开始的时候所有人都认为是不可能，但是当你开始相信、真正地相信某一件事确实可能发生的时候，你的大脑就会自动帮你找出解决这个问题的办法。

由此，我们可以看出，每一个成功的中层管理者都需要拥有开拓创新的能力。如果没有旺盛的进取心，就会被时代所抛弃；没有开拓创新的能力，就只能因循守旧，墨守成规，从中层到中坚，当然也就遥遥无期。

从"传话型"变为"协调型"
当好企业的"二传手"

中层是企业的脊梁，上层是企业的大脑，基层则是企业的双腿，大脑要想指挥双腿灵活地奔跑需要的不仅仅是腰的传达能力，更重要的是协调能力。所以，中层不是简单的传话筒，而是协调上下关系的"二传手"。

不当机械的传声筒

　　中层就是这样一个职位，上级有什么想法需要基层执行，必须经过中层传达；而基层有什么意见和反馈要让上级知道，仍然离不开中层这座桥梁。如何保证上级的意图不走样，基层的意见保持原味，就看中层领导能否吃透"上情"，摸清"下意"了。

　　作为一名中层管理者，最基本但是也最难做的其实就是这个桥梁工作。如果做不好这一点，那就相当于一个人扭了腰，大脑再指挥着双腿奔跑，人也无法飞奔了。因此，中层管理者必须吃透和摸清上下两头，"上情"包括了解上级领导的战略决策、计划、目标、意图和措施，等等，要保证在传达的过程中不走样；而"下意"，则是指下属的情绪、经验、愿望、要求等实际情况，要让下属跟上级之间的沟通渠道顺畅。

　　某公司经理在公司的会议上得到领导的指示，要求员工们加大对鞋类产品的推销力度。领导告诉该经理，公司准备大规模进军鞋类市场。

　　该经理的下属正在全力推销内衣和睡衣，经理回来后也没有特别提出对鞋类销售的要求，结果，员工们以为这只是一次例会上的老生常谈而已，谁也没往心里去。

　　半年后，公司考核经理的业绩，发现他的部门在鞋类市场上毫无起色，上级领导非常生气，把他批评了一顿。

该经理回来后向他的下属表示不满："在半年前，我就告诉你们，公司要进入鞋类产品市场。你们难道不明白，试探零售商对我们新产品的接受程度有多重要？你们把我的话当耳旁风，你们到底怎么工作的？"

员工毫不客气地回答道："我们确实没有在鞋类产品上下功夫，因为虽然我们一直在销售它，但它并不是我们公司的主打产品。我们把精力集中在核心产品内衣和睡衣上有错吗？你每次开会都会例行地要求我们加大对鞋类产品的推销力度，我们都已经习惯了，谁知道公司要全力进军制鞋业啊，你可是从来没有对我们讲起过。否则我们自然会采取完全不同的方式。我们没有把你的话当成耳旁风，你应该把公司的整体规划告诉我们。"

如果公司员工不了解上级的真实意图，就无法让自己的工作重心跟公司的战略规划合拍。比如，要是上面那个事例中的员工，知道自己对鞋类产品的销售情况会影响到公司的发展战略的话，他会调整自己的工作重心。但是对相关的信息一无所知，他就没有把精力放在原先不被重视的产品的推销上。

中层领导首先要必备的能力就是沟通，这是领导艺术的基础。中层领导者作为一个桥梁，应把与上级和下级的沟通作为重点。要随时让领导了解情况，切忌报喜不报忧，提出自己的观点、建议和意见时，要简明扼要，不要长篇大论，不着边际；汇报重大事情，要掌握翔实的资料并附有确凿的证据。

而跟下属沟通则要准确表达，传达的信息必须能让下属清晰地理解，不能走样。中层在"汉堡包"式的结构里，必须服从上司的指挥，贯彻上司的指示。同时，身为下属的上司，中层管理者又要管理好自己的下属，指导并推动下属的工作跟上级的指示步调一致。

刘先生是一家做贸易的企业的生产部经理。某次，公司接到深圳一个重要的订单，总经理在周例会上交代得清清楚楚，为了打开新市场，公司要在交货期上下功夫。过了几天，总经理打电话，询问刘经理那批货什么时候发出，刘经理回答："领导，您等一等，我这就给您问一下，这事是张厂长负责。"

随后这位刘经理打通了张厂长的电话，一问才知道还有一半的产品没有包装，按照计划时间发货是不可能了，于是刘经理马上回复了总经理。总经理听了大怒，告诉刘经理，你现在就下车间，无论如何按计划装车，不然我就没法向客户交代了。

总经理不放心，亲自去了车间。结果看见刘经理正在那里大声地训斥张厂长："不能够快点干吗？非得让我挨顿骂你才好受？我在老板面前拍过胸脯的，保证今天发货，你们还在这里磨蹭！"

总经理看到这里火了："请问，谁向总经理负责？今天这个事儿，是谁应当担责任？是张厂长吗？我认为不是，应当是你的问题，你是中层，你向总经理负责，这不是张厂长的事儿。我今天看到了，一是你对生产进度根本没有过程检查，不知道干到什么程度了，还得问下级；二是你的员工没有受过训练，是操作方法不对，工作效率不高。你说这是不是你的问题？"

这下，刘经理不说话了。

做中层领导是很不容易的，"二传手"并不好当，你必须把上级的决策吃透，理解上级的战略思想，然后带领员工执行，不能仅仅当一个传声筒，你要对你下属部门员工的工作负责。带领下属执行，这是非常重要的一个工作，如果没有这一点，那这个中层也很难成长。

中层的位置决定我们在做事的时候既要听从指挥，又要有一定的自主权，只有这样才能够把工作做好。不过也有的时候，上司给你的指示并不是很明确，这就要求中层管理者必须会自己体悟，以正确理解上司的真实意图，明确工作的具体标准和目标。

而对于下属来说，他们也并不是唯命是从的机器，他们也有自己的意愿和要求，比如他们希望获得相应的物质报酬和精神报酬。另外，在工作过程中，对工作本身的意见或者建议，等等。中层管理者越是了解下属，并尽可能地给予满足，或者适时向上级反映，就越有利于最大程度地调动下属的工作积极性，一起完成上级交给的任务。

总之，一个优秀的中层绝不是简单的传声筒，而是一个能吃透上情、摸清下意的协调型人才。

巧妙地向上司提建议

在日常工作中，中层管理者为了把工作做得更好，向上司建言是非常必要的，但要掌握一定的技巧，否则可能适得其反。不同类型的上司领导风格不一样，对下属的要求也不同。若是中层领导面对的是一个宽容型上司，他们可能不会在意你跟他们提意见。但是，如果不是呢？

在一个企业中，上司和下属之间在一些工作的具体操作上总会有摩擦，不可能总是完全一致的。一个中层领导，跟自己的上级之间存在意见分歧也是十分常见的事情，甚至有时候就是上级犯错了。但不管如何，你需要学会巧妙地向上级建言，这样你的未来才能发展得更好。

在实际工作中，勇于提出具有建设性的意见，但表述时不直接反对别人的提议，效果会更好。

李冰是某公司新上任的业务经理，一次在公司高层会议，讨论公司新推出的一款汽车坐垫。虽说是刚进入该公司的管理层，李冰仍然大胆地提出自己的见解："我们的坐垫一向是以黄色打底的。"李冰在会上说，"但从跟客户的交谈中，我们知道他们更喜欢浅灰色的底色。"

然后她镇静地解释了自己的理由，她并没有直接说黄色不好，只是谨慎地谈到客户的需要。由于说得很婉转而且很有道理，高层们非常重视她的意见。不久，浅灰色底的坐垫就成为该公司销路最好的产品之一。

在向上级建言的时候，一定要注意表达方式，最好委婉一些。即使再怎么理直气壮，也不要说"你的办法行不通"之类的话，去否定自己的上级，而应该试着去说"如果这样，效果可能比较好"这类建设性的话，这样的表述自然容易为公司高层采纳。

还有一个小故事，读了也许会对我们有所启发。

在美国经济大萧条时期，有这样一个家庭，父亲带着四个孩子杰瑞、艾米、杰克和最小的妹妹琳达度日，当时全家的生活仅靠父亲微薄的薪水维持着。每个月父亲发薪的日子，成了家里的节日，这一天孩子们都充满着欢乐期待着。

父亲拿回家的可怜的薪水，在被分为购买食物、日常用品以及交学费等几份之后，就所剩无几了，但他总是会问孩子们有什么愿望。往往在孩子们唧唧喳喳地提出自己的要求之后，父亲看看仅有的几张钞票，摇摇头拒绝。

又是一个发薪水的日子，父亲照例问杰瑞他们有什么愿望。杰瑞的姐姐艾米想要一条花裙子，杰瑞的哥哥杰克想要一把玩具枪。看着父亲手中薄薄的几张钞票，杰瑞说出了自己的愿望：一架挂在花园里的秋千。父亲问杰瑞刚会走路的妹妹琳达想要什么，她说要一颗棒棒糖。

结果最后，只有杰瑞的妹妹得到了她想要的：一个硬币，恰好可以买一颗棒棒糖。只有她的愿望实现了。

杰瑞妹妹的愿望之所以实现了，就在于她提的意愿切实可行，杰瑞的父亲可以做到。这个小故事阐述的道理与中层管理者密切相关。很多中层管理者在向上司提意见时，就如同故事中的三个大孩子，只顾自己的想法，总是喜欢从自己的角度出发，而不顾实际情况，也不考虑上司是否能做到，因此意见很难被上司所采纳。

所以，中层领导者向上司建言的忌讳之一就是提过度理想化的意见。还有一个忌讳就是把提意见当成发牢骚。中层领导者为了企业的共同利益，向上司建言本是好事，但是千万不要借机抱怨、大倒苦水，要注意说话的态度和敬语的运用，让提意见变成商量、提醒，恰到好处地表达出你的意思。这样，即使上司不赞同你的观点，也会感觉你是为他着想，而不会产生不良影响。

因此，掌握向上司建言的技巧和方法对于中层管理者而言是十分重要的。下面提供几条建议：

第一，提建设性意见。

上司一般都不喜欢听意见，只喜欢听建议，因此，向上司提意见不能百无禁忌，要讲究艺术和技巧。同样的核心内容，表达方式不同，产生的效果就不同。聪明的中层管理者要学会巧妙地把意见转变为可行性的建议，把意见包装一下给上司，学会向上司提那些建设性的意见或建议，这样会更容易让上司接受。

提意见一定要在合理、出色和优秀的前提下进行，如果没有什么有价值的可行性建议，那么不仅于事无益，反而会阻碍自己的升迁。而合理化的有利于上司的可行性建议则可以提升中层管理者在上司心目中的位置，有利于开展工作，也对中层管理者的升迁有着极其重要的意义。

第二，选择适当的时机。

人无完人，上司是个普通人，也有喜怒哀乐，也有情绪化的时候。作为一个中层领导，一定要学会把握提意见的时机。一个人在心情愉悦的时候，最容易接受意见。因此，当他公务缠身忙得焦头烂额的时候，他未必有很好的耐心随时倾听你的建议，尽管它们极具建设性。

因此，优秀的中层一定会照顾到上司的心情，趁其心情好时提建议，而且无人在场要比有人在场好。也可采取借题发挥巧妙引申的方法，但是切记一定不要使上司感到扫兴。这样的情形下提出的建议或意见，往往会有奇效。

第三，注意表达方式。

提意见之前，一定要慎重思考，提出经过深思熟虑且包含你个人智慧和见识的好意见，不要不经过大脑就说出批评性质的话来。维护上司个人尊严，是你在提意见之前一定要想到的。下属一定不要伤害上司的尊严，否则，提意见就成了人身攻击。

另外，说话态度要诚恳，言语要适度，绝对不能过激。要用你的坦率和诚意，恰当表达出自己的意思。这样，即使对方不完全赞同你的观点，也不会影响到他对你个人的评价。

第四，提意见时，伴随解决方案。

当你的上司愿意听你的意见时，你应该尽可能简明扼要地阐述你的观点，切勿用含糊、模棱两可的话，避免使对方产生歧义。同时，提意见一定要把你的解决方案一并提供给上司。这就显示你为此做了大量的工作，对个人前途也是有好处的。

总之，巧妙地向上司建言是一种充满智慧的职场艺术，每一个优秀的中层都应该学会向上司建言，并且你的建言会给你自己和企业都带来好处。

及时向上司汇报工作

作为中层管理者，我们的职责单单是执行好任务就行了吗？而在任务结束之后，你是等着领导来问你工作的情况，还是在执行任务的过程中就及时地采取正确的汇报方式向领导汇报呢？工作是领导安排的，他们有知道进程和结果的权利，作为下属的你也有让领导知情的义务。

很多的中层管理者在面对上司交办的任务时，就只是知道努力去做，而往往忽略了及时汇报的重要性。如果这样，你就不是一个合格的中层。因为如果你在完成任务的过程中，没有及时地向领导说明情况，就会让他担心工作能不能按时完成。而一个合格的中层，应该及时向领导汇报总结，这样不仅让领导了解了工作的情况，还能在总结汇报中不断地成长。

聪明的中层不管任务完成与否，都会及时汇报。及时汇报，不仅可以让上司随时掌握你的工作进度，还可以及早发现工作中的问题，及时纠正，从而更出色地完成任务。这样的中层才能让上司安心，真正起到上下协调的作用。

李立是某企业的中层，个人有一定的组织能力，但是有点自作主张的毛病。由于公司年年组织活动，公司里的财务部门给他提供了一份预算。没想到活动结束之后，报销票据时许多项目的支出与以前的预算不一致，多出了几千元的费用。

财务部门找他了解情况的时候，他很不以为然地解释说是自己为了职工们玩得开心一点，增加了几个娱乐项目，那多花费的几千元就是为额外服务支付的报酬。结果，公司对他这种擅作主张的行为非常恼火，勒令他自己补上了所有额外支付的费用。

然而，李立还是不吸取教训。过了不多久，公司组织一批营销骨干培训，周日安排他们到某景点观光。这次活动是总经理随行的。在活动完毕后，总经理安排李立带大家回宾馆休息，然后安排一下晚餐就行了，并特别交代了不允许在宾馆内安排其他娱乐活动。没想到晚饭后业务人员要求参加娱乐活动，李立为了显示自己在公司的影响和地位，头脑一热就答应了。

后来有员工向总经理做了汇报，这大大激怒了总经理，坚决把他开除了。

一个优秀的中层不仅要让你的下属们给你及时地作工作报告，自己也要及时地向上级领导汇报工作。绝对不能越权行事，自作主张。李立就是典型的在超出自己权力的时候不汇报，自作主张的中层。这样的中层是上司最不喜欢的，因为他就像定时炸弹一样，不知道什么时候就给你捅娄子。

作为一名聪明的中层管理者，在接受完任务时，执行工作任务的过程每一步都要及时地汇报给上司，要让上司随时掌握自己的执行情况。如在执行开始后发现有困难或阻力，应努力去克服。如果感觉自己确实无法顺利完成，要立即向上司汇报。否则，延误了工作的后果就要由你自己承担责任了。

有些中层领导不喜欢跟上司汇报，接到任务之后自己就闷头去干，在这个过程中，上司根本不知道他都在做些什么。等到做完了，他才去汇报一下，其他时间，根本没有音信。这样的中层其实上司也是不喜欢的，任何一个上级都希望自己能随时掌控下属的工作情况，而不是靠瞎猜。

汇报其实是中层领导的一项重要工作，在汇报的过程中，你不仅会得到下一步工作的指示，还会得到领导对你工作的指导，这也是一个学习的过程。另外，汇报还可以向领导展示你的工作能力，让上司安心，得到领导的信任和器重。

中层领导向上司汇报工作，需要注意以下几点。

第一，做好准备工作。

在向领导汇报之前，一定要做好充足的准备，把需要的资料整理齐全，防止在领导有疑问的时候，你一问三不知。汇报的过程尽量简明扼要，细节问题可以一带而过，以免浪费你们双方的时间。

另外还要注意，汇报工作的时候，还要虚心向领导请教，看领导对你的工作方案有什么意见或建议，也可以提出工作中遇到的问题，请领导指点。

第二，不要报喜不报忧。

向上司汇报工作，不要只讲自己的成绩，工作出现失误也要及时汇报，不要想着以后去弥补，不要怕领导批评或者对你印象不好。如果你第一时间就让上司知道，他还可以帮你轻松地解决问题，如果瞒着他，让事情弄到不可收拾，那就麻烦了。

向领导汇报工作失误时，一定要做一个深刻的检讨，然后，再提出解决问题的方案，让领导对方案作一个评价。这样会让领导觉得你是勇于承担责任的，也只有这样，领导才会放心地让你继续完成工作。

第三，注意汇报方式。

对于"结果型"的上司，他们往往不会要求你经常汇报，对这类上司，工作过程的汇报可以省略或尽量少一些。

而对于那些作风细腻的上司，则要注意适当多请示、勤汇报，当然也不要太过频繁。过犹不及，频繁地汇报，虽然可以随时让上司了解你的工作业绩，但同时也让他了解了你的不足之处。

第四，汇报要有总结体会。

在工作的进程中，向领导汇报工作可以让他随时了解你的工作进度和初期的成果，也可以让领导给你接下来的工作作一些相关的指示。但是，一个好的汇报最好还要有自己的总结体会，比如反思一下工作中存在的问题，等等，还可以表扬一下工作突出的员工。

这样的汇报会让你给领导留下深刻的印象，如果他愿意帮你分析一下，那他的评价会让你受益匪浅。

总之，一个优秀的中层不会只沉浸在工作中，他不仅会让下属及时给你汇报工作，更重要的是自己能及时向上司汇报工作，以便让上司掌握自己的工作进度，好让上司放心。上司最讨厌的就是一件任务安排完后，就再也没有音信了，及时汇报能让上司随时掌握下属的工作情况，做到心中有数。

增进与下属的情感交流

作为中层管理者，千万不要养成摆架子的毛病。如果自己老有高高在上的感觉，就会 "脱离群众"，跟下属产生隔阂，无法顺利地了解员工的心思，也就成不了企业里 "协调型" 的中坚力量。

有的中层管理者总是想当然，他不喜欢敞开心扉倾听下属的心声，甚至容易被阿谀奉承、阳奉阴违所蒙蔽而听不到真话。如果无法了解员工内心的想法，就无法得到他们的真心拥护，又怎么可能带领他们完成上级交给的任务呢？

美国芝加哥郊外，有一家专门制造电话交换机的工厂。这家工厂工资待遇很好，厂里的生活和娱乐设施都很完善，但是工人们的生产积极性却并不高。后来，工厂请了专家们来解决。专家们来了之后，开始找工人进行个别谈话，耐心倾听工人们对厂方的各种意见和不满，并且做了详细记录。在谈话过程中，这些专家对工人的不满意见从不反驳和训斥，而是让他们尽情地说出来。结果，这项倾听活动进行的两年来，工厂的产量有了大幅度提高。

专家们仅仅是在倾听，就产生了如此理想的效果。试想，如果中层领导能够耐心倾听下属的心声，并能在自己的能力范围之内帮他们解决问题，那下属们也必然焕发出惊人的工作动力。

管理活动中，中层领导与下属直接交谈可以及时地交流信息、沟通意见、融洽人际关系。而一个高明的领导应该说得少，听得多。因为说话是为了向下属传递信息，而领导对下属说话无非就是安排任务、鼓励赞美下属，等等。为了准确地把握下属的真实意图和情绪，领导者应该扮演好倾听者的角色，这是跟下属成功沟通的决定因素。

倾听是中层管理者与下属进行感情交流和沟通的纽带，善于倾听的领导很容易拉近上下级之间的距离，引导下属打开心扉，进行坦诚的交流。而中层领导者也只有在真正了解了下属的心思之后，才能有针对性地采取相应的措施，更好地做好下属管理的工作，发挥出下属的全部能力。

小马里奥特是万豪国际酒店集团的董事长和 CEO，喜欢走动式管理，以四处巡视旗下酒店为乐事。他有一次巡视酒店，注意到顾客对餐厅女招待的服务评分不高。他问问题出在哪里，经理说不知道。但是，小马里奥特注意到了经理不安的身体语言，接着问女招待的待遇是多少。得到回答之后，他接着问为什么待遇比市场标准低。经理说，加薪要总公司决定，而他不想提出来。

对话不过 30 秒，但是小马里奥特发现了三个严重的问题：第一，总公司管得太多；第二，高层重视利润胜过顾客满意度；第三，经理不敢提加薪要求，说明他的上级是糟糕的倾听者。当然，小马里奥特解决了所有三个问题。

在小马里奥特看来，这是一个关于倾听的案例。他说："我所做的，只是改变这位经理什么都不说的习惯，并且告诉他，有人愿意倾听他的问题——这是他的上级主管显然不愿意做的事。"

领导要善于做一个"听话"能手，认真仔细地倾听下属的谈话，并主动及时地作出反馈。只有通过倾听下属的心声，了解了员工的心思，才能使自己的管理工作避免盲目性，出现偏差。

传说，很久以前，曾经有个小国的人到中国来，进贡了三个一模一样的金人。可是进贡使者要求国王回答问题：三个金人哪个最有价值？皇帝命人想了许多办法，无论是称重量还是看做工，都是一模一样。怎么办？使者还等着回去汇报呢。泱泱大国，不会连这个小事都不懂吧？

最后，有一位退位的老大臣说他有办法，他胸有成竹地拿着三根稻草，插入第一个金人耳朵里，稻草从另一边耳朵出来。第二个金人的稻草从嘴巴里掉出来。第三个金人的稻草掉进肚子里。老臣说：第三个金人最有价值！使者默默无语，答案正确。

后来，英国联合航空公司总裁 L.费斯诺归纳类似的现象时说，自然赋予我们人类一张嘴，两只耳朵，这意味着人应多听少讲。最有价值的人，不是最能说的人，而是善于倾听的人。善于倾听，知道员工在想什么，关注什么，才是一个成功的中层领导人最基本的素质。

有些中层管理者害怕有损自己的领导威严，有的轻易不接触下属，有的刚愎自用，听不得下属的声音。其实，这样的中层完全忘记了自己的作用，忘记了自己需要协调上下的功能。

人们常说："会说的不如会听的。"中层领导能够倾听下属的声音，本身就表达了一种对他们的尊重。很多时候，下属们对领导的不满情绪不是因为工作辛苦，而是觉得自己的意见、建议得不到应有的重视。而中层领导的倾听，可以帮他们宣泄这种不满情绪。往往他们在说出来之后，心情就愉快了，也就没什么问题了。

把握好与上、下的距离

中层在公司中扮演着"夹心饼"的角色，中层是腰，聚元气，疏通道，上对高层负责，下对基层执行，在企业中承担着协调上下的使命。要做好中层不是一件简单的事，做好了是上司和下属之间的桥梁，做不好的话则会"上讨不了巧，下讨不了好"。中层如何才能在上下级之间如鱼得水、游刃有余呢？

有一个讲人际关系的"刺猬"法则：两只刺猬，由于寒冷而拥抱在一起，可各自身上都长着刺，刺得对方睡不舒服。于是它们拉开一段距离，但又冷得受不了，于是又凑到一起。几经折腾，两只刺猬终于找到了一个合适的距离，既互相获得对方的温暖又不会被对方刺痛。这个法则用在中层和上下级之前的关系上也同样适用。

某著名人力资源调研中心曾举办一个有关"员工与上司关系"的专题调查显示，当调查中间及中层："目前，你与上司和下属之间存在的最大障碍是什么？"许多受访者异口同声地认为是"沟通和信任"。为什么会出现这样的障碍呢？

有些中层在对待上司和下属的时候距离感把握得不好，要么界限分明，敬而远之，要么过于亲密，这些做法都会导致自己原本的"协调"作用失衡，而阻碍了上下级关系的和谐发展。

孟学祥是研究生学历，在某外企公司工作了十年。今年公司换了新老总，该老总非常赏识他，一下子把他提升为市场部经理。

这名老总是总公司新派下来的，因为刚来上海不久，人地两生。为了跟老总搞好关系，孟学祥开始跟老总走得很近，每天一下班就拉着老总去消遣，老总想干吗他都主动陪着。最离谱的是孟学祥原先从不抽烟，但因为老总比较好这口，他就在最短的时间里学会了抽烟。

孟学祥为了显摆自己跟老总的关系，不时会告诉下属和同僚一些诸如老总最近有什么新情况、老总让他办了什么私事之类的话题，而且每次都说得眉飞色舞。但是，好景不长，公司里最近传出来一个谣言，说老总喜欢上了一个上海本地的女孩子，最近在跟老婆谈离婚。

本来，老总跟这位女孩子只是普通朋友，而且除了孟学祥别人也不知道。所以当老板发现自己的隐私变成了一件全公司都知道的秘密之后，立刻就怀疑是孟学祥说出去的。从那以后，老总就对他"另眼相看"了，同事们看出他不被老板待见之后，也都慢慢疏远了他。

又过了几个月，孟学祥犯了一点小错，结果老总在很多人面前，把他批评得体无完肤，并宣布扣除他的年终奖金。他的同事们在看到这一幕之后，不但没有一个人帮他说句话，反而在私下里对他冷嘲热讽。孟学祥实在难以忍受这种被大家孤立的气氛，只好辞职了。

中层领导虽然属于领导层，但一定要谨记，自己仍然是有上级的，不可得意忘形。不论什么时候，上司就是上司，即使你们的关系很不一般，也不意味着对他可以没有敬畏。然而，有些中层却往往因为和上司走得很近，就忽视了这一点，把上司当成了私人朋友，把私事和公事混淆，结果摆不好自己的位置，忘记了把握距离的重要性，最终影响了自己的前途。

在这一点上，中层们可以参考一下日本的企业。日本的企业往往具有明显的森严等级制度，上下级之间必须各就各位，中层跟上司和下属之间都刻意保持着距离。中层一定要注意把握距离，公事公办，尽量避免跟上下级发生过于亲密的私人交往。

另外，中层对于下属也要保持好距离，这样可以树立权威形象。孔老夫子曾说过："临之以庄，则敬。"也就是说上司与下属保持距离，不要太亲近，留给下属一个庄严的形象，下属就会对其产生敬畏感、服从感。

希尔顿对他的任何员工都没有那种高高在上的架子，在平时的工作中，他总是和蔼可亲。他常常与员工们谈天，就像一位长辈那样，热心地帮助员工解决困难，所以员工们与他的关系都很融洽。

虽然希尔顿跟下属保持着良好的情感交往，但他不是盲目地"温情脉脉"，而是很有距离感。在工余时间私密的家庭生活中，他从不邀请管理人员到家做客，也从不接受他们的邀请。

希尔顿这种良好距离感的把握，使得员工们都认为他是一个特别合格的领导人，所以他的威望非常高。在他的企业里，真正做到了令行禁止。

戴高乐有一个座右铭："保持一定的距离！"如果没有距离，一味跟下属保持亲近，那么就会削弱自己的威信，难以在管理工作中保持公平和理性。一个中层管理者，既要保持与下属的情感交往，又不能让下属没有畏惧感和距离感。要做到"疏者密之，密者疏之"，把握好与下属之间的黄金距离。

　　中层领导者只有恰如其分地处理自己跟上下两方面的关系，才能发挥好"腰"的优势，进而使自己无论在高层还是在基层都能保持一个比较超然的、公正的形象，同时被上下级认可。只有这样，中层管理者才能充分发挥一个优秀中层的协调功能。